Un rischio chiamato famiglia

Chino Pezzoli   Giuseppe Zois

Un rischio chiamato famiglia

FONDAZIONE
Promozione e Solidarietà
Umana

Stampa: Grafiche VD - Città di Castello (Pg)

Prima edizione: novembre 2005
Seconda edizione: gennaio 2007
Terza edizione: febbraio 2010

Un tempo i giovani sognavano
come cambiare il mondo,
ma usavano gli strumenti sbagliati;
oggi i giovani sognano
la prossima vacanza
*(Vittorino Andreoli
in un'intervista con Giuseppe Zois)*

Questi ragazzi sono lì
come un ragno
nel vuoto della loro vita
*(Vittorino Andreoli
in un'intervista con Giuseppe Zois)*

"Ho comperato il cielo,
ma non so volare"
(Roberto Vecchioni)

L'esperienza è un pettine
che la vita ti dà
dopo che hai perso i capelli
(André Maurois, scrittore)

SOMMARIO

Prefazione

Educatori si diventa

La famiglia viaggia oggi tra molti sballottamenti: è disorientata, fragile, insicura. E tuttavia resta al centro delle preoccupazioni dell'uomo e della società. Quindi, bisogna rilanciarla. Il problema è come. Con quali terapie?

L'affermazione corrente è che occorrano adeguamenti. Tutti i soggetti che formano la vita comunitaria dovrebbero sentirsi impegnati a cercare ed a sviluppare nuovi linguaggi. Pensiamo a temi e sfide della modernità, come la bioetica o la stessa sessualità.

Accanto alla politica, alla Chiesa, sentiamo e leggiamo anche di molti psicoterapeuti che sostengono l'urgenza di interventi.

Difesa della famiglia: non come una tradizione né come un'usanza sentimentale e nemmeno come un lusso di cui possiamo (o potremmo) fare tranquillamente a meno, vista la continua erosione sul fronte dei compiti e degli obiettivi. Se la famiglia fosse davvero l'ultima salvezza, come parecchie fonti sostengono, ciascuno è chiamato ad essere coerente.

Crescono la superficialità, l'apparenza, l'incomunicabilità, le tensioni, le stesse tecnologie che complicano il cammino umano, insieme con lo spegnimento del dialogo e della comunicazione. Lasciamo parlare - sempre di più o soltanto - il televisore e le case, le famiglie si trasformano in pensioni.

Prendiamo i matrimoni (quando ci sono, vista la crescita delle convivenze, delle separazioni, dei divorzi): a determinare le scelte è sempre più il fattore economico. Vediamo, come fenomeno che fa tendenza, la celebrazione mediatica martellante di veline, vallette e simili che sposano calciatori o protagonisti dello sport e dello spettacolo con contratti principeschi: è il fatto più classico e ricorrente. Questa viene presentata come la nuova "normalità".

Per vivere "felici e contenti" occorre accasarsi bene: e bene vuol dire cercare con cura imprenditori noti e affermati. Poco importa che molti nuovi matrimoni diventino né più né meno dei contratti a termine...

La famiglia resta, comunque, una necessità, anche dal punto di vista strettamente scientifico, tesi sostenuta da Vittorino Andreoli, neuropsichiatra, uno tra i più famosi ed autorevoli studiosi della psiche (Andreoli è autore del libro "Lettera alla tua famiglia", Rizzoli). Secondo l'autore, di cui riportiamo un'intervista in queste pagine, la famiglia deve essere solida, sana, ben bilanciata, accogliente, rasserenante, con ruoli stabiliti per ciascun componente.

Bella teoria, ma difficile pratica, come ciascuno può costatare.

Marcello Bernardi, un puericultore carico di esperienza e disturbatore fino all'ultimo dei luoghi comuni, ci ha ammonito con largo anticipo che "i genitori hanno sempre meriti e colpe, come la scuola, la società e il carattere ereditario. Non si è mai fuori dal gioco. Con i genitori, tuttavia, si può discutere e collaborare; con la scuola, meno; con la società, quasi per nulla.

Nessuno di noi vuole farsi giudice dei genitori, ma sono loro - fino a una certa età - l'unica porta aperta per studiare e per curare, se c'è qualcosa da curare. Se questa porta si chiude, si può restare intrappolati in un congegno senza via d'uscita".

Lo spartiacque continua a rimanere fra l'area della libertà e quella della licenza. La libertà è frutto del rispetto e dell'impegno; la licenza è figlia dell'abdicazione. Il rispetto richiede fatica, sacrificio, solidarietà; la licenza si fonda sulla resa, sull'egoismo, sul disinteresse.

La famiglia è sempre più periferica nell'educazione dei figli e non sempre per scelta o per comodità, quanto piuttosto per una situazione oggettiva, dovuta al fatto che entrambi i genitori lavorano e i figli sono affidati al doposcuola o a qualche gruppo di volontariato oppure, molto spesso, alle braccia sempre accoglienti del televisore.

Scuola e società se ne stanno nei loro perimetri, il mondo dei mass media non ha tra le sue preoccupazioni primarie l'educazione. In testa a tutto va posto il primato dell'indice di ascolto: chiunque vede bene lo spessore di certi programmi. C'è il vuoto, ma non importa. La banalità fa spettacolo, l'imbonitore convincente è pagato a peso d'oro.

Nessuno vuole disturbare nessuno. Avanti così, con frivolezze, gossip e "smile" a tutto schermo. Sorridere bene è un'arte, i sociologi e gli specialisti "educano" a dispensare ottimismo.

Tocca alla scuola, dicono le famiglie; tocca alle famiglie, ribattono gli insegnanti, ripiegati sulle loro lezioni, anche per evitare accuse di indebite ingerenze, specialmente oggi con le diverse culture che si incontrano nelle aule. Potrebbe toccare alla società, ma questa è una coperta che tutti tirano dove vogliono e dove serve. I mass media preferiscono non sentirsi troppo toccati, optano per il disimpegno. E i giovani fanno i conti con una realtà imprevista.

Il cammino educativo è in salita per tutti, senza scorciatoie. Chi è serio parla di sacrificio, senso della misura, equilibrio, severità quando occorre, responsabilità, dialogo, rispetto dei ruoli. Sono parole che riecheggiano di frequente in queste pagine, pronunciate da persone di sicura esperienza educativa. Si può crescere insieme, ma i genitori devono essere guide e rispondere "sì" o "no".

G.Z.

Introduzione

Il bello di un'avventura

Alcune indagini sociali hanno rilevato che le persone infelici sono in aumento. Sparse qua e là, si distinguono per i lamenti, le critiche infondate, i sogni e le fantasticherie che illudono e poi deludono. Non basta la fantasia per risvegliare la vita.

Certamente la fantasia ci vuole, e i desideri pure, per volare sopra i banchi di nebbia che rendono le giornate tetre, insignificanti. Sognare è attendere con fiducia che quanto si è immaginato, desiderato, bramato, progettato, abbia a realizzarsi. Se però manca l'impegno lungo il cammino educativo, i sogni svaniscono.

Karl Jaspers scriveva: "Tutta la nostra attività dipende dalle attese future, dalla prospettiva delle probabilità e delle certezze". Stiamo attenti però a non esagerare nei sogni, per evitare le delusioni e il dover sempre rincorrere il futuro a scapito delle piccole gioie presenti.

Lo storico Francesco Guicciardini scrisse che "le cose raggiunte dopo un lungo desiderio, non trovano quasi mai negli uomini quella giocondità e felicità che prima avevano immaginato". Quanto afferma è vero: quasi mai i nostri desideri si realizzarono come avremmo voluto; per questo continuamente li affidiamo ad un nuovo futuro...

Tutti tendiamo quindi a qualcosa di vero, di grande, di sconfinato. "L'uomo supera infinitamente l'uomo", diceva Biagio Pascal. In altre parole, ognuno di noi porta in sé il desiderio dell'eterno, del bene immenso e ogni attesa terrena non ci appaga perché insufficiente. Non si pensi però che il credente si rifugi nell'eterno e infinito per ingannare e svuotare di significato l'attimo fuggente. Ogni giorno della vita terrena è un talento da accogliere e raddoppiare attraverso uno sforzo, una educazione continua. Svegliandoci dunque ogni mattina, accogliamo il nuovo giorno con un sorriso, perché soddisfatti di questa piccola storia fatta d'incontri, d'esperienze, di suggerimenti. Non guardiamo alle giornate come se fossero una pagina d'agenda, segnata da un numero e un mese. Il tempo della nostra vita va accolto e riempito di bene, di gioie e sofferenze. Siamo tutti educatori ed educati.

Osservo spesso i bambini che giocano e scorgo nei loro occhi lo stupore e la meraviglia per tutto ciò che toccano, guardano, scaraventano per terra. Vogliono strappare ad ogni istante qualcosa di più. Sono così immersi nei giochi, che tutto ciò che li circonda è bello, piacevole.

Forse, i bambini sono soddisfatti della vita perché l'accolgono, sanno sublimare il presente con ricchezza di fantasia e disponibilità all'ascolto. Noi adulti, invece, siamo insoddisfatti perché non sappiamo "giocare" con la vita, passiamo le giornate a lamentarci della sfortuna, abbandoniamo i progetti ancor prima d'iniziarli, non crediamo nell'amore, nel bene. Riserviamo al tempo presente, immagini piatte e ripetitive che favoriscono il pessimismo, la noia, l'angoscia. E in questo modo diventiamo insensibili a un progetto educativo e auto-educativo. Eppure, solo se siamo educati, siamo anche educatori viviamo intensamente il presente e contempliamo l'irripetibilità d'ogni giorno, costruiamo un destino di luce e novità. Qualcuno penserà che lasciarsi educare sia impossibile o faccia parte di una visione idealizzata della storia. Sui pareri si può sempre discutere. Un fatto però è certo: coloro che non possiedono questa sapienza del cuore, che non si lasciano educare al senso del vivere, sono infelici.

Faccio mie alcune riflessioni belle e toccanti della poesia "Signor delle piccole cose" di Luigi Fallacara, un poeta dello scorso secolo. Il poeta si riferisce al Dio della semplicità e non della gloria, a colui che si china su di noi. Un Dio attento che segna nel libro della vita i nostri giorni modesti e semplici che in nessun libro saranno ricordati. Egli coglie anche i nostri più nascosti pensieri che nessuno mai conosce. Sa purtroppo annotare le scelte importanti che avrebbero cambiato la nostra vita o quella di un'altra persona. Penetra persino nella nostra coscienza per cogliere quel lieve pentimento. Dio, insomma, tiene davanti a sé ogni nostro istante, ci dona la foglia, il polline dell'ape, la stella, il fiore e mille altri segni. Il poeta insiste per farci capire che Dio apprezza la nostra piccola vita, è sempre con noi per darle un tocco immediato di grandezza, d'irripetibilità. È l'Educatore di tutti gli educatori. Dio educa sempre il suo popolo.

Dobbiamo reagire e riaprire il dialogo con gli eventi che il presente ci offre: un incontro, un affetto, una difficoltà. La vitalità della mente e del cuore non ci deve mai abbandonare. Vecchio è colui che non sa farsi educare. Fugge nei ricordi, si distacca da tutto e da tutti. Non assapora la ricchezza d'ogni istante e non dialoga con le molteplici opportunità del presente, rischia quindi d'idealizzare un passato e di tratteggiarlo con immagini idilliche, avulse dal vero....

Il bello dei giorni che si susseguono sta nel segreto che rivelano: una parola, una verità o almeno un cenno al mistero della vita. Sembra proprio che noi, in cammino verso la meta, siamo invitati ad un'interminabile caccia al tesoro: ad ogni passo c'è un messaggio da decifrare che ci manda oltre, riservando un'attesa, una speranza. L'educatore è l'organizzatore di questa caccia al tesoro della vita. Educare è bello: lasciamoci quindi educare da Dio, dagli eventi e dagli adulti, maturi s'intende.

d. C.P.

Chino Pezzoli

Percorsi d'amore, una questione di cuore

Molti genitori pensano che l'arte di educare
non si apprende, ma si copia.
E hanno la convinzione di saperci fare
perché in possesso di una sorta
di eredità familiare.
Sono pochi coloro
che si mettono in discussione,
che assumono un atteggiamento di umiltà,
curiosità e passione nell'imparare,
giorno dopo giorno,
l'arte vera di essere genitori ed educatori.
Il tempo dei figli è tempo di convivenza,
di vita insieme.
Ma davvero i genitori sanno stare insieme
e cercano di promuovere un dialogo in famiglia?

Chino Pezzoli

Ogni sondaggio va preso con le dovute precauzioni. Da un recente rilevamento ci vengono non pochi motivi di sorpresa, di interrogativi e di riflessioni. Protagonisti sono loro, i bambini, con la loro spontaneità e le loro intuizioni. Questi bambini sembrano aver messo davanti a tutti e a tutto lei, sì, proprio lei, la famiglia. Ma quale famiglia?

Quando si analizza il risultato dell'Eurispes, in cui si afferma che il 68,8% dei maschi e il 71,6% delle femmine mettono in "pole position" la famiglia, si impongono alcune domande e anche alcuni dubbi.

Personalmente sono convinto che quanto più la famiglia è inadeguata, insufficiente, precaria, tanto più i bambini ne sentano il bisogno, la necessità.

La radiografia che il sondaggio ha delineato evidenzia alcune situazioni che è bene considerare. Sono sempre più frequenti i casi di famiglie problematiche, dove sono presenti bambini e bambine, molto – troppo – attaccati ai genitori, talora addirittura dipendenti; figli alla ricerca di un rapporto affettivo simbiotico. Troviamo anche – e per fortuna continuano ad essere la maggioranza della realtà, quindi della nostra società, le famiglie normali, capaci di dar vita e forme a un ambiente valido, educativo.

L'inchiesta delinea molti modelli di famiglia con cui occorre fare i conti, perché dalla famiglia dipende la qualità del nostro domani. **Vediamo un po' di questi prototipi.**

La famiglia multiproblematica: si caratterizza per la capacità di organizzare l'intervento educativo. I genitori si presentano disuniti e i figli sono **senza punti di riferimento** e tendono a cercare figure sostitutive negli amici o in qualche modello massmediatico. In questo caso, i ragazzi e gli adolescenti possono dimostrare tanta ammirazione e un desiderio accentuato dei genitori insufficienti e assenti. I modelli cui fanno riferimento possono essere devianti o comunque insignificanti. Vengono quindi penalizzate l'evoluzione e l'affermazione della personalità o maturità dei ragazzi. I coniugi in crisi non sanno cogliere i bisogni dei figli: i loro problemi li assorbono.

La famiglia orfana del padre: è caratterizzata da una figura materna molto presente e da un padre che rimane sullo sfondo. Il padre difficilmente riesce ad avere rapporti con i figli, mentre tende a delegare la responsabilità genitoriale alla madre, che stabilisce poi un legame eccessivo con i figli. Difficilmente queste mamme sapranno collaborare con le agenzie educative, poiché non accettano mai ingerenze esterne, un qualsiasi aiuto. In questa situazione i figli confondono la dipendenza dal genitore con un rapporto affettivo, che faccia maturare. Occorre educare la mamma ad assumersi la responsabilità educativa del figlio, per tagliare quel cordone ombelicale che penalizza sia il figlio sia la madre. Il padre, in questi casi, deve essere recuperato per allentare il rapporto vischioso materno. L'assenza del padre favorisce le esagerazioni materne assai pericolose e, nei figli, la famiglia diventa un "utero" indispensabile.

La famiglia impreparata: questa ritiene non esista il problema educativo. In tale ambiente, il figlio deve crescere: in età, in peso e bellezza fisica e basta. Se è maleducato, bullo e spavaldo, nella scuola o altrove, la colpa è sempre degli altri che fungono da capro espiatorio. In questo tipo di famiglia manca un progetto educativo che sappia mettere il bambino o l'adolescente in difficoltà e lo spinga verso la riflessione, la formazione della coscienza. Il permissivismo educativo è alla base dei disordini e soprattutto della fragilità psichica di molti ragazzi. Questa mentalità permissiva esige un ripensamento. Sarà utile far capire ai genitori che l'ambiente familiare è una palestra di vita, non un centro ludico o il paese di bengodi.

La famiglia dispensatrice d'emozioni: e il risultato è che si privano i ragazzi della ricchezza dei sentimenti. Sono le emozioni che generano una schiera di narcisisti. La scrittrice Lidia Ravera nel suo libro "Il freddo dentro", dove ricorda Erika che con la complicità di Omar ha ucciso la mamma e il fratellino di 12 anni, puntualizza: "Una volta c'erano i cattivi, adesso ci sono i narcisisti. Fra i giovani è una schiera compatta e numerosa. Si specchiano nelle vetrine, si sognano famosi, si sfiancano in palestra, s'immolano alla moda, sacrificano tempo e anima al proseguimento del successo... Amano la loro immagine riflessa, ma non riflettono sulla loro immagine". Sono questi giovani narcisisti, dalle orecchie tappate, dalle cuffiette stereofoniche, dai tatuaggi visibili, dagli ombelichi esposti, tipi che se ne fregano di tutti. Purtroppo, i genitori si vantano di aver allevato questi nuovi "vitelloni".

La famiglia normale: è quella che mette i figli di fronte alle proprie responsabilità. I figli, in questa famiglia, si trovano bene. Sono sicuri di avere una famiglia che li protegge e accompagna verso il futuro. Penso alla famiglia in cui si dedica ai figli tempo e passione, in cui si condividono i problemi, le difficoltà e le esperienze. Tutto diventa importante per questi ragazzi: la scuola, l'incontro con gli amici, il gioco, la festa. Hanno in sé l'esigenza di apprendere ogni giorno alcune notizie, il senso degli avvenimenti sociali, nazionali e internazionali e, soprattutto, tanta voglia d'ascoltare gli amici e di farsi ascoltare. Non si chiudono nella piccola nicchia della famiglia, quasi fosse il santuario delle perfezioni e delle protezioni. Riconoscono alle diverse agenzie educative valore e importanza. Di qui l'amore per la riflessione, la conoscenza, l'altruismo.

La famiglia reale: sa trasmettere ai figli esperienze, esempi, coerenze, regole, abitudini valide che assicurano comportamenti equilibrati. Le regole e le buone abitudini ci vogliono, segnano e indirizzano la mente dei ragazzi in un momento in cui non possiedono ancora strumenti valutativi, volitivi, decisionali. Molti psicologi sostengono che le buone abitudini (salutare, mangiare insieme, rispettarsi, concordare i tempi di presenza e di assenza, osservare l'igiene) strutturano la mente del ragazzo e la orientano verso scelte positive. I ragazzi sono soprattutto figli dell'ambiente familiare. Se diventassero figli di quello televisivo, sarebbe davvero un rischio.

La famiglia affettiva: dà importanza alla convivenza, al contatto umano, agli affetti. In questa famiglia i genitori cercano con entusiasmo ed insistenza di formare un ambiente domestico ricco di affetti profondi, di armonia e sorrisi veri, di ottimismo e umorismo. L'amore della coppia è come l'ossigeno, è presente e viene vissuto e respirato dai figli; è un terreno che avvia a capire il senso del vivere. L'amore è la forza meravigliosa che fluisce fra due persone che ascoltano la voce del cuore, è la linfa che scorre tra i figli. Solo questa trasfusione d'affettività dà sicurezza interiore ai piccoli e ai grandi.

Qualcuno sostiene che è meglio avere una famiglia di riferimento anche problematica, disordinata e sconnessa piuttosto che non averla. Il vero problema però non è se appartenere a un nucleo familiare, ma chiedersi se e come le persone che lo compongono stiano bene, siano felici e se i ragazzi e le ragazze crescano in età, saggezza e grazia. Ossia, se maturano o no.

Noi, i "senza tempo"

Incontro spesso genitori che sostengono di educare i figli come loro sono stati educati dalla famiglia d'origine. Il teorema non fa una grinza: se il risultato è la loro vita, non si vede come abbandonare i metodi applicati per conseguirlo. Ne consegue che ai figli, oltre al codice genetico trasmesso dalla natura, va assicurato pure quel bagaglio di regole e abitudini di ieri, anche se il contesto storico e culturale è cambiato. Di qui gli imperativi categorici, le imposizioni che trovano puntualmente rifiuti, contestazioni, ribellioni.

Molti genitori pensano che l'arte dell'essere genitore non si apprende, ma si copia. Esiste quindi in loro la convinzione di saper educare i propri figli perché in possesso di una specie d'eredità familiare, quella di allevare la prole.

Nei genitori persevera la presunzione di possedere un bagaglio ereditario che li assicura di saper educare i propri figli. Sono quindi pochi coloro che imparano l'arte di essere genitori ed educatori.

Prima di tutto, occorre che i genitori si convincano che i loro figli sono persone diverse. Non possono quindi attendere da loro: scelte, comportamenti, attese e progetti definiti e decisi nell'ambito familiare. Un figlio è se stesso, porta in sé un potenziale umano unicamente suo che necessita di essere, con la presenza dell'adulto, attuato, realizzato. Da un po' di anni s'insiste sull'urgenza riconosciuta che bisogna dedicare tempo all'educazione dei figli. I genitori tuttavia si lamentano di non avere più questo benedetto tempo né per sé né per i figli.

Viviamo nella civiltà del "non ho tempo". Sentiamo ripetere questa frase tutti i giorni, tant'è che se n'era occupato – in una Lettera pastorale – anche l'arcivescovo di Milano, Cardinale Carlo Maria Martini.

È vero, e fin dove, che non abbiamo tempo o invece il tempo viene impegnato per altro?
Penso che il tempo che abbiamo a disposizione trovi molte modalità d'uso perlomeno discutibili. Non sempre le scelte importanti hanno il maggior tempo e tanto meno quello migliore. Eppure è necessario dedicare molto tempo alla crescita e all'educazione familiare.
Il tempo dedicato alla famiglia è prezioso, permette ai genitori di conoscere a fondo i loro figli, specialmente nella età evolutiva, durante la quale i cambiamenti sono continui e di difficile lettura. Se nell'infanzia il genitore deve assicurare al piccolo una presenza affettiva che lo rende sicuro interiormente, durante la seconda infanzia, che è appunto l'adolescenza. Egli deve dialogare con il figlio per un confronto fatto di parole, di idee e di testimonianze. Troppo spesso i genitori si preoccupano di tante cose e trascurano il contatto umano, la presenza, la trasfusione di se stessi nell'anima delle loro creature. I figli si generano due volte: quando si mettono al mondo e quando si trasfonde in loro la spinta verso la vita. Educare significa buttare il seme del proprio sé nel figlio perché cresca e continui a produrre frutti.

Una virtù quasi estinta

Il tempo dei figli è tempo di convivenza, di vita insieme. Proviamo tuttavia a domandarci: i genitori sanno stare insieme, cercano di promuovere un dialogo in famiglia?

La convivenza consiste nel vivere insieme con i figli e promuovere un dialogo sereno e costruttivo di intesa, di scelte importanti, di collaborazione. L'intesa e l'amore della coppia sono essenziali nella famiglia e richiedono tempo, dialogo. Non basta stare a tavola o nella stessa sala davanti alla televisione. Occorre invece conversare, raccontare i propri vissuti, dire i propri problemi, rendere la famiglia un vero spazio degli affetti. Sorridere e gioire, perché la famiglia sia uno spazio di festa. Guai se la tristezza regna e il malumore anche. In famiglia non può mancare la premura, un atteggiamento che esprime affettività, disponibilità. Come mai nelle nostre famiglie invece c'è così poca premura?

La premura si esprime con gesti di solidarietà, di disponibilità, di condivisione. Anche ai figli si deve chiedere l'amore, che si manifesta attraverso la bontà, la generosità, l'attenzione verso i genitori. L'amore va comandato ai figli! Troppo spesso i genitori danno tutto ed esigono dai figli poco o niente. Allevano egoisti "doc". Mai come adesso i nostri ragazzi sono pretenziosi con i genitori, vogliono tutto e se non ricevono quello che chiedono, diventano prepotenti, lanciano sfide. Ma soprattutto non sanno dare affetto perché ne ricevono troppo e sempre. Anche il rispetto è un valore da non disattendere in famiglia. Onora il padre e la madre: parimenti i genitori onorino i figli. Ci vuole reciprocità, con ruoli diversi, ciascuno al proprio posto. Il rispetto è la capacità di stimare le persone con le quali viviamo insieme. Ogni persona vale e merita considerazione. Quante volte i genitori

non si rispettano, si ignorano, si offendono o non valutano i figli! E anche figli non onorano i genitori, ritenendoli niente più che camerieri, utili fintanto che servono e fanno le "slot machines". Occorre un rapporto attento e rispettoso che permetta una stima reciproca.
Nelle nostre famiglie spesso ci sono rivalità, litigi, incomprensioni. Genitori e figli non sanno perdonarsi. È possibile vivere insieme senza il perdono? No che non è possibile. È il perdono che mette i figli e i genitori nella condizione di riconoscere i propri sbagli, di riprendere la convivenza, tenendo presente che, vivendo insieme, le mancanze ci sono.
Per chiedersi perdono occorre una virtù in disuso: l'umiltà. I coniugi fanno fatica a perdonarsi, tengono il broncio per tanto tempo, si fanno delle ripicche, delle vendette. I figli poi non sono mai stati abituati a chiedere perdono. Anzi, giustificano i loro sbagli e si credono infallibili.

Case o pensioni o alberghi?

Nelle nostre famiglie la serenità manca. Le cause di questa rarefatta o scomparsa atmosfera ci sono. Troppe volte trasformiamo le nostre famiglie in spazi dove lo stress, le tensioni, le incomprensioni si accumulano.
Non siamo capaci di vivere e far vivere serenamente le persone che ci stanno accanto. I maestri della mente umana ci insegnano che la serenità risiede nel cuore e da qui si diffonde e interessa tutto e tutti.

Cercarla altrove è illusorio per tutti. Ne conseguono alcune norme per essere sereni: la relazione, l'entusiasmo, la bontà, l'intelligenza. Ai figli bisogna chiedere sempre di più, senza esasperali ma rendendoli consapevoli che la vita non è riducibile a un gioco. Ma anche i genitori devono chiedersi sempre di più. L'educazione della volontà sta alla base di ogni processo di maturità. Non togliamo mai i nostri ragazzi e giovani dalla via stretta e in salita. Lasciamo che i nostri figli siano in grado di risolvere i loro problemi, non sostituiamoci e non apprezziamoli troppo per quello che fanno. Anche le lodi eccessive favoriscono la passività. La vita per tutti è faticosa e se i nostri figli mancano d'allenamento conosceranno delusioni, scoraggiamenti e depressioni.
Gernot Candolini, un autorevole pensatore austriaco, afferma: "La strada più diretta verso una meta sembra spesso breve e diritta. Ma tutto quanto è prezioso, non è né facile né veloce da raggiungere...". È la legge della saggezza, la quale esige che tutto "quanto è prezioso" debba essere conquistato con pazienza e laboriosità.

Dall'altra parte della parete

Succede che i nostri ragazzi e giovani hanno purtroppo una visione ristretta della vita: vivono intensamente le emozioni presenti, non si chiedono se la vita va oltre la vita. Non si tratta di un gioco di parole, ma di un insieme di interrogativi che ognuno di noi è chiamato a porsi. Se la vita che conduciamo, giorno dopo giorno, è "un campione senza valore che l'ostetrico lancia al becchino", allora tutto ciò che scorre accanto a noi è consumo e basta. Se non è così, un collegamento tra terra e cielo ci deve essere e tutti dobbiamo cercarlo.

Il vuoto di Dio ha portato i giovani ad avere paura della vita e a preferire lo sballo, la morte. Noi adulti abbiamo strappato Dio dalla mente e dal cuore dei ragazzi e giovani chiudendoli alla speranza, alla fiducia in se stessi. Ci siamo illusi di poter fissare la loro dimora per sempre su questa zolla terrena e ora ci accorgiamo che a molti di loro manca il respiro, quello eterno.

Il poeta Eugenio Montale negli ultimi giorni, confidò a un amico: "Per tutta la vita ho battuto al muro, tentando di scoprire che c'è, se qualcosa c'è, dall'altra parte della parete, convinto che la vita deve avere un significato che ci sfugge. Ho bussato sempre più disperato, come uno che attende invano una risposta...". Che c'è dall'altra parte della parete? Che ne è di coloro che hanno varcato la soglia della morte? Che ne sarà di noi? La domanda è fondamentale e porta con sé tratti di tristezza e sgomento e risposte abbozzate che poi l'attività frenetica anestetizza e cancella. I nostri giovani e non solo, immaginano d'essere immortali e ricorrono a trattamenti speciali per fermare l'età, non ce la fanno, prima o poi devono anche loro preparare le valigie. E il problema Dio si presenta. È inutile annullarlo, spiegarlo con stratagemmi escogitati da una psicologia materialistica, che riduce l'anima a un groviglio di funzioni. L'uomo ha bisogno di Dio.

Bilancio senza sconti

Proviamo a chiederci, con franchezza: si può vivere come se Dio non ci fosse? Perché allontaniamo i ragazzi e i giovani dalle verità assolute: per sbaglio, paura, superficialità o per quella tentazione antica quanto l'uomo di voler diventare dèi?
In diversi modi, nella nostra società, si grida che "Dio è morto" per mettere l'uomo al suo posto. Adulti e giovani hanno acquisito la consapevolezza di non avere altro Dio se non il proprio io. Parlano di sé come se possedessero una onnipotenza infusa e il germe di una certa immortalità. Un giovane mi ha confidato, durante un colloquio, che la cocaina lo faceva sentire un dio. Di cartapesta, gli dissi. Gli stessi soldi collocano piccoli e grandi nella nicchia per ricevere il dovuto culto. La "livella" o morte arriva per tutti e la pretesa di sostituire Dio svanisce. Ascoltate che cosa mi scrive Massimo, un giovane ospite della mia Comunità: "Le mie forze vengono meno: sto per morire di aids a 29 anni. In questi giorni di ospedale percorro le tappe importanti della mia vita: luci e ombre, desideri e delusioni, amore ed egoismo, grazia e peccato; tutto mi si presenta davanti come se fosse scritto in un libro, quello della mia mente. Mi chiedo: questa mia storia ha un senso? Non so rispondere, i miei pensieri non sono sufficienti. Eppure cerco di capire se la vita che devo lasciare ha una continuità, un dopo. Del resto, a nessuno basta il presente: la mia breve vita o quella lunga degli altri, ha il desiderio d'eternità. Giunto alla fine dei miei giorni io

sento, dentro di me, la voglia di Dio. Desidero continuare a vivere. Il dolore e la morte mi parlano di vita, mi sussurrano nell'anima la speranza che la vita va oltre, non si ferma in una fossa o tumulo. Io non ho mai cercato Dio, ora capisco che lui non mi ha mai mollato". Le parole di Massimo sono dure, vere, cozzano contro quel "nulla eterno" che una cultura nichilista attesta.

Un cuore invernato

Qualcuno associa alla morte di Dio tutte le violenze, i soprusi, gli egoismi, le malvagità che la nostra società conosce e documenta. La morte di Dio è la causa principale della fine di un umanesimo vero, dei rapporti umani che aprano alla solidarietà, alla fraternità. Per i nostri giovani queste parole sono sconosciute, fanno parte della parole mai dette e mai ascoltate. Un pensatore come Emmet Fox, non ha dubbi: "Per quanto ardue sono le difficoltà, per disperata che sia la nostra visione delle cose, intricato un problema o grave un nostro errore, un gesto adeguato d'amore avrà la forza di risolvere ogni cosa". In altre parole, non c'è violenza dove c'è l'amore. Le nostre famiglie non sono normali se manca l'amore.
Mi sorprendo di fronte ai commenti disinvolti dei mass media quando affermano con sicurezza che quel ragazzo che ha tagliato la gola alla sua ragazza per gelosia o quell'altro che ha ammazzato il benzinaio per rapinarlo, proviene da una famiglia normale. Non so proprio che cosa s'intende per normalità.

Forse una condizione economica e sociale ottima. Forse...
Queste famiglie, "dorate" in apparenza, sono numerose nel nostro tempo e non credo che per questo si possano classificare come capaci d'educare i loro figli. Il benessere, di solito, non si sposa con l'educazione. Finiamola quindi di classificare come normali tali famiglie: chiamiamole piuttosto "piccole aziende" con il budget assicurato. Quello che capita va considerato a sé: la conseguenza di una famiglia inesistente.

Età a rischio

Di fronte a certi comportamenti, che sfociano in orrendi crimini, gli esperti sostengono che spesso ci troviamo di fronte ad una scissione momentanea della personalità, in cui la parte dell'io fredda, sadica, distruttiva, prevale sui tratti umani e sensibili. Questa scissione interiore si nota anche dopo il delitto: prima di essere scoperti, o di confessare, i ragazzi sanno sostenere, in modo credibile, la loro estraneità ai fatti, mostrandosi imperturbati, indifferenti o al contrario profondamente sconcertati e sofferenti... Come se loro per primi non si riconoscessero in chi ha commesso un così grave delitto. L'adolescenza è sempre stata un'età a rischio, ma oggi alle normali difficoltà se n'aggiungono altre. Alcuni ragazzi sono particolarmente fragili e disturbati nella psiche, esternano gesti violenti, comportamenti trasgressivi, arroganza e strafottenza. Mancano di limiti e divieti interiori e, pur avendo in sé tantissime potenzialità, non dispongono di un io di controllo adeguato. In assenza di regole e divieti interiori, che costituiscono la coscienza morale, è difficile per questi ragazzi controllare gli impulsi ed evitare gli sbandamenti. Leggo una domanda terrificante di Lidia Ravera nel libro "Il freddo dentro". La scrittrice, rivolgendosi a Erika che ha ucciso la madre e il fratellino, le chiede: "Tu sapresti esprimere il sentimento che ti ha spinta ad uccidere? E prima di quella sera maledetta, che cosa provavi, te lo ricordi? Volevi semplicemente essere felice? Avresti voluto?". A queste domande non segue una risposta, forse non esiste nemmeno.

Sono in molti a chiedersi come mai la coscienza morale con i suoi freni inibitori, scatti sempre meno nei giovani d'oggi che in passato.

Non è difficile rispondere. Il primo codice interiore è quello che viene trasmesso dai genitori con regole e limiti. In passato le regole di comportamento erano assicurate sia da alcune condizioni reali di precarietà sia dalla capacità di dire "no" ai propri figli.

La generazione "no limits"

Oggi prevale la tendenza ad accontentare i figli in tutto, per evitare discussioni, conflitti e anche per dimostrare che i genitori sono buoni, buonissimi, comprensivi, moderni, aperti... Nessuno mette in dubbio l'importanza dell'affetto nei genitori. Attenti però a non confondere l'affetto con quei modi melliflui, privi d'indicazioni morali e valoriali. Molti giovani sono cresciuti egoisti ed arroganti, alla scuola di genitori che hanno buttato nella loro mente il piacere e tutto ciò che lo rende possibile. Sono autentici cocchi, sfornati per la dolce vita, indifesi di fronte alle frustrazioni, impreparati a ricevere limiti e regole e a lottare per superare i conflitti e le sofferenze. S'aggiunga la televisione che propone in continuità modelli vincenti, non tanto per i valori etici e umani, quanto per l'esteriorità dell'immagine e i tratti d'onnipotenza e predominio sugli altri.

Il mito del successo a tutti i costi, basato sulla competitività più spinta e capacità di riuscita, li mette in condizione di valutare la loro vita in termini di trionfo, d'affermazione. E ogni forma di fallimento rischia di essere avvertita come intollerabile ai loro occhi. Se poi prendiamo in considerazione la quantità di programmi televisivi demenziali e volgari, riusciamo a comprendere come mai i giovani posseggono una limitata capacità organizzativa del pensiero: non sono in grado di pervenire a valutazioni morali e controllare comportamenti trasgressivi.

Pieni di beni e vuoti di bene

Abbiamo adolescenti e giovani incapaci d'immedesimarsi nella sofferenza che provocano perché non hanno mai sofferto. Semplificano ciò che appare complesso, perdendo il significato più profondo di ciò che provano: desideri, gioie, paure, ansie, conflitti. Tutto ciò s'accentua in loro, non solo per una società che sembra valorizzare solo o comunque soprattutto l'immagine, i tratti esteriori, ma anche per una famiglia priva di confronto e dialogo. Le occasioni di stare insieme ai genitori, fin dall'infanzia, sono poche, e lo sforzo dei figli per conoscerli e aiutarli a crescere spesso è disatteso. Mi scrive Fausto, un ragazzo di diciassette anni dal carcere minorile: "I miei genitori sanno tutto di me o meglio conoscono le mie abitudini e gusti. Le loro indagini si fermano ai tratti esteriori: la maglietta che indosso, il taglio dei capelli, i tre amici che frequento, la discoteca... E i pensieri, le ansie, i dubbi che mi assalgono? Questi non fanno parte dei loro interessi. Ora mi trovo in carcere al Beccaria, dopo aver strappato di mano la borsa ad una signora. Il quinto scippo della mia vita. Mi è andata male o meglio bene, perché mi hanno cuccato e sono stato costretto a riflettere. Mio padre era dispiaciuto e, nell'ultimo incontro, continuava a chiedermi se mi aveva fatto mancare qualcosa per compiere un gesto simile. Gli ho risposto con un sorriso. Volevo rimproverargli che m'aveva riempito di tutto e lasciato vuoto d'indicazioni morali, d'esperienze valide e di quelle regole che fanno crescere ed essere onesti in questa società dove contano i soldi, le cose e le apparenze. Non avrebbe capito! Gli permisi dunque d'esternare le sue premure per farmi uscire dalla galera...".. Ho risposto a Fausto che le responsabilità dei genitori, non annullano quelle dei figli e che le sue riflessioni mi avevano fatto capire che qualcosa in lui stava cambiando. Con i suoi genitori invece mi sono permesso di puntualizzare alcune responsabilità educative. Dopo un confronto fermo e autorevole, non poteva mancare la solita affermazione: "Chi non ha figli, non sbaglia mai!". Non so se la battuta fosse rivolta a me, certamente suonava come un'auto-soluzione. Volevo anch'io ripetere il sorriso del figlio Fausto, ma sarei stato sadico.

Prendere in mano la vita

L'obiettivo per i giovani è quello di tendere verso i valori umani che sono anche l'espressione dei veri bisogni. Il punto di partenza in questa ricerca consiste nel fare luce sui bisogni più autentici, cercando di tradurli in termini concreti e quotidianamente applicabili. Spesso i giovani vogliono polarizzare la propria attenzione sull'essere più che sull'avere, sulla qualità dei bisogni più che sulla quantità, sulle scelte materiali più che su quelle spirituali. Siamo noi adulti a depistarli. Li buttiamo in un mondo invischiato di potere, avere e successo. La loro violenza e ribellione parte proprio dal desiderio di possesso, dalla smania di prevalere sugli altri. Occorre una metamorfosi educativa che sappia trasmettere ai ragazzi e giovani i veri bisogni.

Un primo bisogno emergente è il senso del vivere. Quando il senso del vivere non è chiaro, tutto può accadere. Qualsiasi violenza è figlia del vuoto interiore, del non senso e trova assurde spiegazioni nella smania d'apparire, di far parlare di sé. I giovani devono soprattutto chiedersi come vogliono vivere per essere felici. O meglio capire chi sono, come suggeriscono i maestri spirituali di tutti i tempi. Quando i giovani capiscono che cosa fare della propria vita, iniziano ad organizzarla in modo da realizzare gli obiettivi che si sono posti. Le motivazioni non possono essere imposte dalle mode o dal modello socio economico imperante, ma da una scelta consapevole. Il filo rosso, ripeto, è dare un senso alla propria esistenza, in cui le proprie competenze vengano valorizzate e coltivate. E questo non in un'ottica egocentrica che spesso porta a sentimenti aggressivi, dettati da invidia, rancore e gelosia, ma per rispondere ad un'esigenza più profonda, quella di essere rispettosi e solidali con gli altri. La violenza, infatti, non è altro che la sfida dell'egoismo, che vuole escludere la partecipazione, la condivisione dei valori umani.

La spinta che conta

Se ci mettiamo in ascolto scopriamo che i desideri di parecchi giovani sono sopratutto materiali. L'oggetto occupa la loro mente e favorisce attaccamento, dipendenza. Non sono stati educati ai valori, ai rapporti umani, alla gioia di porsi e raggiungere alcuni ideali per essere utili a qualcuno. Ciò che conta davvero per slegarli dalle tante catene è alimentare, in tutti i modi possibili, la loro sensibilità, la consapevolezza, la fierezza del carattere e incoraggiare una relazione forte, completa con la vita. Si tratta di saper accompagnare con passione lo sviluppo delle loro risorse per prenderli sul serio, senza il minimo lamento. Non è difficile per i giovani realizzarsi, chiedersi sempre di più, creare un equilibrio dinamico che nasce da spinte interiori, da ideali veri e produce passione per il bene, quel bene che rende contenti. Tutto questo i giovani lo devono possedere nel cuore, in questo spazio di desideri mai completamente realizzati. Le passioni più belle dell'esistenza partono dal cuore giovanile che, come un cavallo bizzarro, non si lascia mai domare da nessun morso. Un cuore pazzo, vittima di una pazzia benefica che toglie la patina della noia e irrora la mente di entusiasmo e attese. Un cuore che sa possedere il cuore dell'altro. Lo scrittore Elias Canetti, è illuminante: "Si può dare in pegno il proprio cuore a un altro, inserendolo in lui. Chi ama va in giro con il cuore altrui". Mi piace pensare che i rapporti veri e intimi sono come un trapianto di cuore: chi ama ha in sé il cuore dell'altro, lo porta con sé, vive con lui in una sintonia profonda. Il "ghiaccio" del cuore si scioglie quando c'è questo trapianto umano.

Quello che non hanno

Vorrei concludere parlando dei ragazzi e giovani in difficoltà che chiedono aiuto. Spesso m'intrattengo con i genitori per far capire che i ragazzi e i giovani cercano in noi punti di riferimento, di valutazione, e la possibilità di essere se stessi. Spesso mi viene rivolta una domanda dai genitori: "Ma noi, in che cosa sbagliamo?". Rispondere che i genitori sbagliano in tutto, è un modo sbrigativo e impietoso che non mi si addice. Gli sbagli nella vita si fanno, ma non sono gli sbagli a rovinare un ragazzo, un giovane... Non si trat-

ta quindi di passare ai raggi X gli errori educativi, ma solamente di capire se possiamo migliorare il nostro modo di essere, di aiutare i figli a crescere ed essere felici. È la qualità della nostra vita che conta e non le nostre singole scelte o azioni. I nostri ragazzi hanno bisogno di stare vicini a persone sagge, intelligenti, che sappiano dare buoni esempi e consigli utili. Ai genitori non si chiede la laurea in pedagogia o psicologia per educare i figli. Basta quel buon senso di sempre che fa dire la parola giusta al momento giusto. In ogni campo educativo dobbiamo riconoscere la necessità di lasciare ampio spazio all'ascolto attento e intelligente che mette i ragazzi e i giovani in condizione di catarsi o liberazione dalle loro angosce e ansie. Noi adulti purtroppo siamo abilissimi nel parlare e, un po' di meno, nell'ascoltare. Pensiamo di dover rovesciare sui ragazzi e giovani le nostre idee e trasmettere ciò che abbiamo fatto, facciamo e faremo. Essi invece vogliono essere ascoltati anche nelle loro piccole, ma importanti scelte o difficoltà e capiti nei loro problemi. Noi adulti rispondiamo con frasi fatte e battute che lasciano il tempo che trovano. Sono davvero pochi i genitori che si mettono in ascolto dei propri figli senza giudicarli o limitare la loro immediatezza e spontaneità. Manca loro il tempo, ma soprattutto la passione del conoscere il mondo interiore di questi ragazzi che stanno iniziando la difficile e meravigliosa avventura della vita.
I figli vengono affidati quasi totalmente alle istituzioni (scuola, oratorio, gruppi) che, il più delle volte, danno indicazioni, predicano valori, ma sono carenti

di testimonianze affettive e di esperienze di vita. I genitori sappiano riservare ai figli gli ultimi minuti della giornata mentre sono sprofondati sul divano tra uno sbadiglio e l'altro... Evitino di regalare giocattoli e oggetti ai figli per sostituire le proprie assenze e silenzi. I ragazzi hanno bisogno di comunicare, di dialogare e magari anche litigare pur di attirare l'attenzione su di sé. Basta poco per renderli contenti e metterli a loro agio: lasciamoli parlare, sfogare, urlare, buttare verso di noi le angosce, le paure, le rabbie. Non si tratta di risolvere i loro problemi, né di fornire spiegazioni o interpretazioni, ma solo di dare l'occasione di trovarsi in un contesto attento e caloroso e sentirsi validi per qualcuno...

L'importanza di esserci

Quando i figli si sentono ascoltati, accolti e amati da qualcuno, provano in sé momenti di benessere psichico, di serenità, di felicità. Scaturisce da questi sentimenti l'equilibrio e quel modo di presentarsi che piace e attira. I genitori spesso ci sentono inadeguati in questo meraviglioso impatto con la vita che nasce e cresce e trovano giustificazioni diverse per disattendere al dovere di rendere felici i figli. Così che queste nuove vite hanno tutto, ma hanno fame, "fame di affetto". E quando palesano disagi psichici o disordini comportamentali, si affidano agli specialisti esperti in problematiche esistenziali. Di questo passo, come si compera un gatto o un cane a un ragazzo, gli si comprerà anche lo specialista per imparare a vivere.

Stiamo, senza accorgersene, complicando tutto o, meglio, stiamo mercificando la stessa educazione e maturità che viene comperata al mercato dei titolati. I genitori evitino di cercare soluzioni educative tra i pedagogisti e gli psicologi… È bene ribadire che loro sono la grande risorsa per i figli durante la crescita. È la famiglia il cantiere della felicità; è la famiglia la palestra dell'amore. Nessuno può dare a un ragazzo ciò che sanno dare una mamma e un papà, se maturano in se stessi la consapevolezza che un figlio non è riducibile a un recipiente da riempire di cose. Come del resto nessun figlio ridurrà i propri genitori a delle gettoniere di cose, se troverà in se stesso le loro tracce di bontà e di amore. Qualcuno ha detto che in famiglia è venuta a mancare la madre che accoglie tutto, ascolta tutto, non inorridisce di fronte all'inconfessabile, non rifiuta il "male" interiore del figlio, non lo colpevolizza per gli errori. Forse è vero. Siamo precipitati in una cultura mascolina dell'avere, del fare, del produrre e i nostri ragazzi, mentre hanno tutto, conservano nell'anima terribili abbandoni affettivi e indescrivibili angosce. I genitori non hanno tempo di ascoltarli. Peccato, perché i figli mai come adesso cercano i genitori, vogliono essere ascoltati, compresi.

Maria Rita Parsi

Il torto di far pensare a un mondo che non c'è

Gli errori fanno parte del vivere umano.
Di fronte a molti episodi di cronaca nera,
cerchiamo di vedere il valore di tanti genitori
che fanno bene il loro dovere.
Le persone che si macchiano di crimini orribili
sono persone che segnalano le atrocità
che nel mondo si compiono:
bambini buttati via come oggetti,
abbandonati nei giardini pubblici
o sulle soglie di case o ospedali.
La maternità e la paternità sono affidate
a tutti gli adulti di buona volontà
che vogliono farsi carico delle persone in crescita.
Prendersi cura delle radici della società,
del futuro della società – che sono appunto i ragazzi –
è un valore che accresce e dà forza a tutta l'umanità.

Maria Rita Parsi

La radiografia è preoccupante, anche se gli allarmi scattano in ritardo, quando scattano. Si parla di baby gang in aumento e di rapine ed estorsioni in crescita. Ciò che accade lo si legge sui giornali con una certa regolarità e dunque non più come fatti eccezionali. Episodi di crudeltà commessi da ragazzi su coetanei dentro le scuole o negli spazi dove si vive insieme il tempo libero, dalle associazioni sportive alle discoteche; pestaggi nelle scuole medie, con particolari che inquietano; fatti e misfatti che non possono scivolare via nell'indifferenza, si pensi anche solo alle orribili e terribili imprese attribuite alle "Bestie di Satana" e ai loro tragici e macabri rituali. Aggiungiamoci anche la facilità con cui molti ragazzini arrivano al bancone dei bar e degli esercizi pubblici e mandano giù birre e altre bevande alcoliche, una dopo l'altra. Per molti il bicchiere resta il più efficace lubrificante sociale, un modo per vincere timidezze e paure. Non parliamo poi della febbre da sballo, di impasticcati abituali a fine settimana, di spinelli che vengono banalizzati in tutti i modi dimenticando o trascurando la circostanza non secondaria che sono comunque droghe. Sempre più giovani, sempre più violenti. Spesso si entra in queste sabbie mobili per colpa della noia. Paradossalmente, alcune bande di ragazzi trascorrono una serata a discutere l'occupazione della serata e quando finalmente si decide, è già ora di rincasare. A deragliare dai binari della normalità, sono di frequente anche ragazze e ragazzi di famiglie ritenute normali e senza grossi problemi di moneta né tantomeno di relazioni. Soggetti che si lasciano andare, tentati da comportamenti di bullismo, specialmente quando si mettono in gruppo o formano un branco. L'omologazione della società ha spianato ogni residua differenza tra maschi e femmine nella devianza. Le file dei disperati, per altri versi, sono da sempre affollate e non conoscono difficoltà di reclutamento.

Si tratta di comprendere le ragioni del malessere tra ragazze e ragazzi, assumendosi ciascuno la propria parte di responsabilità in ciò che accade. Ci sono rimorsi per tempo non dato, per esempi negati, per incoerenze evidenti. Si tratta di aiutare e di informare. E proprio queste sono le due frontiere entro le quali fa il pendolo la vita di Maria Rita Parsi, scrittrice e psicoterapeuta, con la determinazione di portare una nota di tenerezza nelle persone che incontra. «Si può vivere senza amore – ha scritto Lina Sotis – non senza tenerezza, che è la parte più leggera e avvolgente del sentimento». Maria Rita lavora a Milano e a Roma, dove dirige la Società Italia di psicoanimazione (SIPA), che ha fondato nel 1985. Non è sposata e non ha figli. Dice che queste assenze in certi momenti la fanno soffrire ferocemente, anche se non potrebbe rinunciare per nessuna ragione a tutto quello che fa. Se non è mamma di figli, è però mamma di una biblioteca di libri, che ha dato alla luce con grande fecondità. Titoli recenti: «Fragile come un maschio»; «Chat ti amo»; «Manuale antiansia per i genitori», «SOS pedofilia: parole per uccidere l'orco», "Cuore di mostro", "Amori imperfetti"...

Maria Rita Parsi è una che crede nella divulgazione. Suo desiderio: far entrare la psicologia nelle famiglie. Anche per questo ha fondato il Movimento del bambino, con centri in tutta Italia, per realizzare un progetto molto concreto: costruire un mondo a misura di bambino (anche del bambino che è in noi, del fanciullino, come direbbe Pascoli). Occorre diffondere, e sempre, la cultura del rispetto, dell'amore, della pace. Purtroppo le cronache di ogni giorno ci mettono davanti agli occhi episodi di violenza, di ferocia inaudita, di morti strazianti e orribili. L'elenco è interminabile. Non a caso Maria Rita parla di olocausto. Erode continua ad abitare tra noi. Ma ci sono anche indubbi miglioramenti nella società e aumentano i segnali di speranza.

Quando si scatena la violenza

Ci sono segnali che vengono dal vissuto e che occorre saper leggere subito.

Delitti orrendi come quelli di Novi Ligure o di Bologna, dove una bambina di nove anni è stata crudelmente uccisa dall'uomo di sua sorella, e tante altre piccole e grandi storie di violenza quotidiana, sono il risultato di tutta una serie di elementi, che vanno dall'ereditario, al fattore culturale fino a quello ambientale. Questa miscela ha prodotto e produce lentamente l'esplosione omicida. Siamo in presenza di un insieme di elementi che poi si fondono in un'azione che è stata preparata lungamente, non perché il mostro l'ha pensata, ma perché si è organizzato dentro di lui il bisogno di tradurre in azione l'orrore che ha patito, il vissuto che gli è stato inflitto dalla famiglia e dalla collettività. Significativa a tale riguardo la vicenda del ragazzo di Foligno che ha ucciso due bambini e di cui mi sono occupata come psicologa. Questo ragazzo è stato adottato all'età di 6 anni dalla famiglia di un medico. I primi sei anni furono vissuti in brefotrofio. Nella famiglia che l'ha adottato ha conosciuto calore umano, vicinanza, agiatezza. A un certo punto tenta di violentare e uccide un primo bambino. Poi provoca, con alcuni messaggi, la polizia... vediamo un po' se sapete trovarmi... Addirittura quando viene catturato un altro al suo posto, perché c'è un errore, scrive agli agenti: non è lui, il mostro, il mostro sono io, venitemi a trovare veramente... In questa attesa, che è di alcuni mesi, riesce a macchiarsi anche di un altro delitto: ammazza con un punteruolo un ragazzino, più grande, il primo ucciso aveva 3 anni, la seconda vittima era un ragazzo di 11 anni. Quando viene catturato confessa, con grande dovizia di particolari, tutto quello che ha fatto. Non solo confessa ma precisa: voi mi dovete curare. Di più: voi dovete fare tre cose per me; mi dovete trattenere in carcere perché se esco io lo rifaccio; mi dovete assistere terapeuticamente anche a livello farmacoterapico, perché non possa ripetersi più. Se è necessario, aggiunse, posso rimanere tutta la vita in carcere.

Una psicoterapeuta in quale stato d'animo si ritrova davanti a ragazzi con simili devastanti esperienze che segneranno tutta una vita?
Quando mi recai da lui per interrogarlo, in carcere a Milano, con una rabbia grandissima dentro, ero perita di parte delle famiglie dei due bambini, avevo dovuto leggere tutti i documenti, tutte le relazioni di quello che era successo, gli interrogatori e – quello che mi agghiacciò – avevo dovuto vedere le fotografie

dei bambini. Quindi mi ero vissuta il clima di disperazione, di odio, di rancore, di sofferenza, di dramma di queste mamme, di questi papà, dei parenti; tra l'altro c'era anche una grande rabbia nei confronti delle forze dell'ordine e anche contro la collega psicologa che nell'infanzia s'era dovuta occupare del giovane pluriomicida ai tempi dell'adozione. Possibile non accorgersi di niente? Purtroppo i cosiddetti "mostri" non si improvvisano, perché richiedono molto tempo per essere confezionati; non esistono raptus che non siano stati preceduti da infiniti segnali, da richieste di aiuto.

L'urlo di Caino

Il primo incontro come andò? Che cosa provò dentro di sé?

Mentre mi recavo verso il carcere coltivavo pensieri di odio, che una persona che fa il mio lavoro non dovrebbe mai avere, per rispetto di se stessa e per rispetto degli altri. L'omicida di Foligno un anno prima era stato scoperto dalla mamma, perché aveva accumulato in soffitta tutta una serie di materiale, valigie contenenti abiti di bambini, materiale nel quale aveva speso tutti i soldi che aveva da parte. Un giorno, la mamma era entrata in questa soffitta-ripostiglio e aveva scoperto tutta questa roba. Gliene aveva chiesto la ragione. E lui a questo punto aveva avuto una reazione violentissima, l'aveva presa e scaraventata giù per le scale, l'aveva trascinata e chiusa in bagno a chiave... Spiegazione fornita: voleva vivere un periodo di tempo lontano da casa, sperimentando la vita in tenda... Ma come mai, ma come mai?... Cos'è scattato, ad un certo momento, a un anno di distanza? E' esplosa nuovamente la sindrome di Caino. E per due volte un tranquillo ragazzo perbene adottato da una famiglia perbene ha ucciso: prima un bambino di tre anni poi uno di undici, che s'era consentito di prenderlo in giro.

Rifacciamo girare la moviola sui possibili come e perché...
L'omicida di Foligno è nato da una ragazza-madre venuta in città per fare la domestica. Il parto e poi il brefotrofio. La mamma naturale mantiene un rapporto molto ambivalente con questo figlio; lo va a trovare spesso, portando con sé la bambina che deve seguire come babysitter. Le domeniche in cui porta il figlio fuori dal brefotrofio lo tiene con sé, sempre vicino, sorvegliato. Crisi spaventose, verso i tre anni del bambino, pianti, manifestazioni di insofferenza. Si aprono le porte del brefotrofio, dai 3 ai 6 anni, dove subisce ogni genere di violenza da un vecchio guardiano. Pianti, rabbia, umiliazioni, castighi, invocazioni urlate verso la mamma. Ma chi è il bambino di tre anni che lui voleva prendere, per averne cura (da qui gli abitini e tutto il necessario in soffitta) se non egli stesso, da rieducare fino a sette? E come avveniva l'opera di rieducazione? Portando il nuovo bambino lontano da tutti, a vivere nel bosco, dentro la tenda – quasi una fiaba – laddove lui l'avrebbe educato, lavato, pulito, gli avrebbe dato da mangiare, gli avrebbe fatto da maestro, gli avrebbe soprattutto pulito le scarpette con il lucido da scarpe. Questo è lo scenario delirante in cui matura tutto l'orrore che sarebbe venuto poi.

Meglio il mondo d'oggi

Com'è possibile che noi non abbiamo tanti anticorpi sociali, familiari, affettivi, per fare in modo che non si manifesti codesta malattia?

Il corpo sociale è come il corpo individuale, se cadono gli anticorpi, siamo a rischio... Le miscele esplosive esistono da sempre, tra violenze aberranti, soltanto che oggi abbiamo un'informazione globalizzante, per cui qualunque terribile cosa accade, noi la sappiamo. Se negli Stati Uniti un ragazzo fa una strage a scuola, in televisione la sera siamo informati sui particolari. Da internet possiamo addirittura imparare come costruirci una bomba...

Non parliamo della violenza che esplode dagli schermi cinematografici, con pellicole che spaventano per killer e disinvoltura morale. "Film pericolosi", si dice, si scrive, si mette in guardia. E' il caso di "American Psycho", dal best seller di Bret Easton Ellis, o di "Contenders Serie 7", che il suo stesso regista Daniel Minahan ha definito come film sulla rappresentazione della violenza e sul modello dei più estremi "real-tv" (la trama prevede che i concorrenti si eliminino tra loro fino a quando resta un solo vincitore-campione). Noi abbiamo ormai la possibilità di tastare il polso, attraverso i mezzi di comunicazione di massa, all'andamento dei giorni. Vorrei anche dire che io ho più fiducia in questo mondo che in quello di prima.

Da dove le vengono questi segnali di fiducia in un tempo che non incoraggia propriamente dei motivi di ottimismo?
Vorrei che voi leggeste un libro sulla Londra della fine del '700, su che cosa non dovevano subire i bambini e in che condizioni venivano tenuti dentro le fabbriche, costretti alla prostituzione, all'accattonaggio sui marciapiedi, vittime indifese dei più forti. Non dimentichiamoci che le leggi a tutela dei bambini sono della fine dell'800, quando la prima causa di un bambino abusato e maltrattato fu discussa davanti a un tribunale già esistente per la tutela degli animali maltrattati. Quindi non c'erano leggi, il bambino non era nemmeno soggetto di diritto. Oggi ci sono leggi internazionali che tutelano i bambini. Io non vorrei si pensasse che siamo in una società peggiore: noi siamo in una società molto migliore, più matura, più coscientizzata e responsabile, più globale nel far sapere, nel denunciare e nel reagire. Pensiamo alla nave con i bambini schiavi e alla mobilitazione delle coscienze in tutto il mondo.

Risorse vincenti

Ci sono indubbiamente le cronache della negatività, anzi, la cronaca è fatta soprattutto della negatività, ma c'è anche molto bene...
La possibilità di usare i moderni strumenti come un tam-tam che ci permette di vedere, di sentire, di agire, di collegarci, che consente alle forze del bene di marciare con la stessa rapidità delle forze del male, tutto questo è una conquista, è un miglioramento. Allora

tutto questo legame tra noi e la possibilità di comunicazione che si va ampliando e che diventa sempre più ampia e possibile per tutti, se ben usata e ben indirizzata, è una risorsa straordinaria. In pratica, se formiamo informatori, se a livello pubblico e privato ci prendiamo la briga di capire che formare delle persone competenti e agire soprattutto culturalmente a far capire il valore e l'importanza delle cose – facendo in modo che nascano nuovi valori, che cambi la situazione alle radici – io credo che noi costruiamo un clima positivo, diamo corpo alla speranza.

L'informazione è un'arma da usare per migliorare la società, aiuta a diventare sempre più competenti e sempre più attivi in prima persona. Ne è convinta?
Nessuno deve dare a un altro la delega di fare quello che può fare in prima persona. Per se stesso, come crescita personale, per la propria famiglia e per le persone intorno, per la società. Queste sono le positività della vita, che possono cambiare il mondo.

L'obbedienza dei bambini
Molti interrogativi avvolgono il delicato tema dell'obbedienza dei bambini? Gli adulti come possono esprimere l'autorità e insegnare che ci sono dei limiti da rispettare?
I bambini desiderano le regole e la severità, e questo non significa che bisogna punire i bambini. Occorre fare in modo che i bambini conoscano un limite legato al rispetto delle regole e che l'adulto sia capace, forte e coerente, in talune occasioni determinato, che non

vuol dire né persecutorio, né aggressivo, né distruttivo. La severità non è una pratica che deve far crescere l'adulto così da sentirsi forte: la severità è una comune fatica e sofferenza che esige alcuni no a certe cose, sì a certe altre, facendo un lavoro nel quale l'individuo – quale che sia il ruolo – capisca che l'importanza e l'utilità di un impegno, di un sacrificio e di una rinuncia. È vergognoso, e lo dico col cuore, che ci siano delle persone che sono responsabili dei mezzi di comunicazione di massa – questi sono diventati la terza o la quarta agenzia educativa – che abusino della pazienza dei telespettatori al punto tale da proporre degli spettacoli che non sono soltanto diseducativi, ma che addirittura mandano un messaggio vergognoso in nome dell'audience.

La macchina del successo

Qualcuno trova che il Grande Fratello ha avuto il pregio non secondario di riacquistare un pubblico televisivo di adolescenti alla televisione. Gli adolescenti non seguivano la televisione, invece grazie al Grande Fratello son tornati a guardarla. E che cosa hanno guardato? Non parliamo poi dell'«Isola dei famosi»...

Un gruppo di poveretti chiusi in una scatola come sardine, in ozio totale per tutto il giorno, salvo mettere in atto scherzi da caserma, insulti, amoreggiamenti vari, fino a che, usciti da questa scatola, chi prima chi dopo, ha avuto successo e trionfo e contratti ecc. Il messaggio ai giovani è molto suadente e diseducativo. Guarda, basta che passi il tuo tempo ad apparire in televisione senza far nulla: non ti meriti un piffero, non fai un accidente, dài il peggio di te, dopo di che esci e sei famoso. Stesso preciso meccanismo per «L'isola dei famosi», con una media di 6 milioni di spettatori a puntata. Se a voi questa sembra una maniera di lanciare un messaggio, se questo è un modo intelligente di avvicinare i giovani alla televisione....

Tutti quanti dobbiamo fare sforzi perché i genitori e gli educatori non debbano mai trovarsi soli...
Al contrario dobbiamo adoperarci per incrementare le opportunità per tutti di stringere alleanze. Allora bisogna dire ai genitori e ai docenti di non star da soli ma di allearsi e di organizzarsi. Quello che bisogna mettere in atto è una rete e quello che bisogna fornire a genitori, docenti, adulti competenti e consapevoli e di buona volontà, sono strumenti di decodifica. Pensiamo soltanto all'incidenza della pubblicità. Al primo posto io colloco l'azione sociale, il secondo passo è che gli esperti dei mezzi di comunicazione di massa devono – se noi insistiamo, anche a livello di leggi – fare i conti con un lavoro che dev'essere d'équipe; al di là di meccanismi di censura, si deve parlare di prevenzione, e al di là del fatto del dire ah, ma tu mi vuoi obbligare a limitare la creatività, si deve dire no, il tuo lavoro di creativo lo fai, però in maniera interdisciplinare, lavorando in gruppo anche con chi è esperto di comunicazione, è esperto di psicologia... Uno che fa pubblicità o che fa comunicazione di massa, diffusa poi dai canali pubblici, non può fare a meno di qualche supporto, per esempio psicologico, come strumento di decodifica. Se Lorenzo lo guarda

e dice... ma guarda che messaggio del cavolo stanno dando ai ragazzi. Sarebbe bellissimo poter affrontare anche questi pericoli della vita essendo difesi, cioè avendo degli strumenti che ti permettono di affrontare le varie situazioni del vivere, perché la vita ogni giorno presenta un conto oppure un altro e pertanto è preferibile essere attrezzati, esigendo anche che i propri figli li abbiano. Dunque, pretendiamo a buon diritto che a scuola ci sia la possibilità di avere questi strumenti, esigendo che le persone che fanno comunicazione tengano conto del valore, dell'importanza di quello che mandano in giro.

Noi e i nodi da sciogliere

Che cosa le dà serenità e che cosa le infonde sicurezza?

Ciascuno ha le sue sorgenti dove abbeverarsi, i suoi maestri, la fortuna di aver incontrato delle persone, le esperienze fatte strada facendo. Alcuni incontri mi sono capitati, altre scelte le ho fatte io, quando ho cominciato a capire quant'era importante avere dei metodi, dei punti di riferimento. Secondo me, la serenità è la possibilità di sciogliere i nodi nei quali la nostra vita si va a bloccare. E la possibilità di sciogliere questi nodi, ci riporta al tema decisivo della libertà. Quando tu hai un nodo e hai la possibilità veramente di scioglierlo, quindi ti trovi gli strumenti, ti trovi gli alleati, le competenze, e quindi la fiducia in te stesso, quel valore è come avere una terra sicura su cui appoggiare i piedi. Allora l'augurio è di poter trovare una base sicura. Quella iniziale è di solito nel grembo della madre, poi nell'accoglienza che hai, all'inizio per l'alimentazione che hai, per gli abbracci che hai, per le carezze che, come sostiene un illustre gerontologo possono cambiare una vita. Avere i genitori affettuosi e premurosi intorno a sé: quella dovrebbe essere la base sicura. Tante volte può non esserci tale base sicura, allora ciascuno se la può ridare, affrontando i nodi dolorosi della vita e sciogliendoli e trovando degli alleati e ritrovando proprio un amore per se stessi, che è la cosa dalla quale si può partire per amare gli altri. Io credo che questo sia il più grosso successo della vita e sia sicuramente una strada per essere sereni, se non felici.

Fulvio Scaparro

Il solito slalom fra paletti e magagne

Che cosa è cambiato tra il presente e l'antichità?
I ragazzi che sbagliano sono una parte,
non la rappresentanza della gioventù.
Occorre anche imparare a difendersi dalle mode.
Di fronte all'angoscia, di fronte alle paure diffuse,
di fronte alle ansie, impariamo che cosa si può fare,
diamoci dei limiti, non pensiamo di poter cambiare tutto,
cominciamo a cambiare da dove siamo.
Aprirsi agli altri dà una dimensione giusta alla nostra fragilità.
Se stiamo ripiegati sui nostri problemi,
precipitiamo in una sorta di isolamento
che non porta niente di buono.
Se invece ci coinvolgiamo in qualcosa
che vede gli altri risorgere, ci sentiamo più forti.

Fulvio Scaparro

L'elenco delle magagne, delle cose che non funzionano, potrebbe essere sterminato. Il problema sta piuttosto nel "che fare?" e qui i confini si restringono. C'è il rischio di deprimersi, con l'immancabile domanda: dove andremo a finire? Oppure si è tentati di sbrigare la diagnosi con "storie dei soliti psicologi che passano il loro tempo a crearci sensi di colpa". Risultato finale: la colpa è dei genitori, i ragazzi sono assolti, tutto a posto. Entriamo nello sterminato campo dell'avventura e dei problemi educativi con un intenditore di riconosciuta autorevolezza, lo psicoterapeuta e scrittore Fulvio Scaparro.

Educazione senza paure

Si parla tanto di paletti, di regole ieri rispettate e oggi disattese. Ma è proprio così? Siamo sicuri che una volta questi limiti fossero davvero così chiari?

Una delle storie che ci raccontiamo è che oggi non si sa chi mette i paletti, quali sono i paletti, se sono individuabili o meno, il che presuppone che ieri fossero tutti molto visibili. Diciamo che ieri erano chiari i ruoli degli adulti. I ragazzi nascevano in un ambiente in cui esisteva l'autorità; pensiamo alle figure classiche di riferimento nei paesi: sindaco, prete, maestro, medico, farmacista. Non è più così. Ma non è che il passato fosse rose e fiori. Da quello che i narratori ci hanno raccontato, le autorità del passato non è che dessero poi l'idea di un grande ordine. Molto era apparente. Uno doveva rigare diritto. E allora io dico che tutto ciò che ha a che fare con la paura dovrebbe essere bandito dall'educazione. Educazione e paura sono due cose che non stanno bene assieme. E' vero che anch'io, quand'ero piccolo, molte cose le facevo per paura, perché potevo prendere le botte, perché potevo avere delle punizioni, ma questo non ha niente a che fare con l'educazione. Questo si chiama ammaestramento. Qualunque essere vivente, se prende delle botte quando fa qualcosa di sbagliato, impara che conviene non farlo. E' un condizionamento che in molti casi provoca conseguenze poco gradevoli, per esempio lo spirito di vendetta. Il fatto che si scambi ammaestramento con educazione, porta a concludere che quando toccherà a me da grande, le botte le darò io. Educare significa invece trovare un perché delle cose. Io faccio qualcosa perché in qualche maniera sono stato convinto: dalla pratica, dall'esperienza, dall'esempio. Paura e odio sono incompatibili con l'educazione.

I paletti non sono fatti da leggi o norme, ma sono costituiti dagli esempi. Se io vivo in una casa o in una scuola dove l'adulto dà l'esempio di ciò che devo fare, questo non significa che sia un buon esempio, ma è quello che ci vuole nell'educazione. Chiunque abbia fatto dello sport, sa che i migliori insegnanti di sport sono quelli che danno l'esempio in prima persona; non fanno soltanto teoria, ma scendono in campo e dimostrano ciò che sanno fare e che si può fare. In base a questo, io riesco a capire che il maestro se l'è conquistato il suo titolo. Ci sono troppi maestri, e non solo nella scuola, che dovrebbero essere attenti a questo: sei in condizione di sperimentare e di dimostrare quello che stai dicendo? Dici parole che corrispondono ai fatti o no? A me piacciono i sigari toscani e li fumo con piacere; nel momento in cui dichiaro questo, non devo fare una conferenza sui mali del fumo. Sono convinto che il fumo sia nocivo, ma dal momento che fumo, è meglio che mi astenga da prediche.

I galloni del capobanda

Se tutti fossero coerenti, l'educazione partirebbe già da una base migliore...

Siamo stati tutti ragazzi e abbiamo vissuto certe situazioni dentro casa, a scuola, con gli amici, dove tra il dire e il fare esisteva sempre una bella differenza. Non c'è ragazzo al mondo che non abbia sufficiente fiuto per distinguere tra l'adulto che bluffa e l'adulto che dice cose fondate e vere. La stima passa da questo varco. Il paradosso è che molte volte si preferisce seguire una persona che è coerente con quanto sostiene e fa, anche nel male. Un capobanda è più stimabile per un giovane perché dice e fa alcune cose piuttosto di un adulto che magari non fa niente di male ma predica bene e razzola male. Molte figure adulte hanno fascino sui giovani perché sono coerenti. Noi non possiamo pretendere che i figli, i ragazzi in generale prendano i genitori e gli adulti come modelli: importante è che si dia un esempio in positivo. Dobbiamo avere fiducia più nei fatti che nelle parole.

Per esempio, molti genitori notano che i figli adolescenti parlano poco in casa.

Vero. E sono indotti a pensare che parlino poco anche fuori. Non vero. Il comportamento dei ragazzi in casa e fuori spesso è diverso; qualche volta è addirittura irriconoscibile. Figli musoni in casa e poi allegri e vivaci fuori. Finché uno sta in famiglia, la comunicazione non è mai interrotta, anche nel silenzio. Un figlio guarda che cosa fanno papà e mamma e da lì impara.

Il nuovo che torna

Quali sono le ragioni del disagio che colpisce, con forme diverse, adolescenti e giovani nel tempo presente? Se uno individua le ragioni, riesce poi a trovare i rimedi?

Una buona diagnosi potrebbe portare ad una buona cura. Siccome buone cure non ne esistono, vuol dire che forse abbiamo sbagliato anche le diagnosi oppure che nel caso dei comportamenti umani, le diagnosi sono praticamente impossibili. Ci possiamo soltanto avvicinare. Nel corso degli anni, io ho sempre seguito tutto quello che la stampa scriveva giornalmente sugli adolescenti. Ho messo assieme pacchi di ritagli, che risalgono alla fine degli Anni Sessanta. Se li potessimo ripercorrere con pazienza e attenzione, vedremmo che almeno due o tre volte l'anno c'è un titolo sui nuovi giovani oppure sulle nuove famiglie, sui nuovi genitori. Tutto nuovo. Mi domando se sia materialmente possibile che nel giro di cinque o sei mesi ci sia un rinnovamento nella famiglia, nei genitori, nei nonni, nei giovani... No, è l'ansia del nuovo che noi abbiamo. Speriamo che sia rinnovato tutto quello che non va. In realtà, invece, mettiamoci nell'ordine di idee che i nostri comportamenti cambiano così lentamente che ciascuno di noi non riuscirà a vedere dei cambiamenti forti nel corso dell'intera vita. Siamo spesso a livello di aspirazioni, nel senso che noi vediamo qualche minimo cambiamento e ci illudiamo che ci siano rivoluzioni nel campo delle relazioni. I rapporti uomo-donna hanno radici talmente lontane che è impossibile possano cambiare nel volgere di qualche decennio. Ci sono discorsi di testa e discorsi di pancia. Il discorso di pancia viene fuori da stereotipi e pregiudizi che si sono formati nel corso di secoli e millenni che non cambiano in quattro e quattr'otto, anche perché è faticoso modificare rapporti di potere, che fanno pure comodo. Ciò vale anche nei confronti dei ragazzi.

Le tavolette di Amurabi

Sembra che il peggio riguardi solo il tempo presente, ma anche in passato e nell'antichità non si scherzava...
Gli archeologi hanno trovato ad Amurabi – e ci perdiamo nella notte dei tempi – tavolette in cui un dignitario della corte scriveva in buona sostanza: "Non se ne può più dei giovani di oggi. Passano il tempo a picchiarsi fra loro, non rispettano i vecchi e corrono dietro alle ragazze". Shakespeare, nel "Racconto d'inverno", fa dire a sua volta a un pastore che non se ne può più dei giovani d'oggi, passano il tempo a picchiarsi, non rispettano gli anziani e ingravidano le ragazze (si noti che non erano ancora state trovate le tavolette di Amurabi). Anche oggi si ripete questa stessa litania. L'età comporta una certa incapacità di controllare le reazioni, una forte carica legata alla ricerca dell'altro sesso, quindi anche una rotta di scontro con gli anziani. Sono più giovani, più

forti, mediamente più belli e quindi sono anche arroganti e non hanno voglia di scendere a patti con gli anziani. Realtà di sempre. Ognuno deve fare la sua parte. Non stiamo assistendo ogni giorno al primo mattino del mondo. Ogni comportamento mio, suo, vostro, ha una storia antichissima e siccome è antica, è difficile da cambiare. Può cambiare in superficie, ma certe cose cambiano molto, molto lentamente. Quindi, io non vedrò la parità fra i sessi, la pace nel mondo, la fine delle ingiustizie sociali, vedrò soltanto una giusta tensione verso quelle mete.

Che cosa si può fare, in concreto, per aiutare famiglie disorientate e in crisi?
Togliere un po' di paura e di ansia. Ormai siamo arrivati al punto che non ci si muove più, se non c'è il conforto di qualche autorità in materia. Non si ha più fiducia nelle proprie competenze. Un adulto che ha messo al mondo dei figli, per quanto possa essere modesto, se si ascoltasse e se ricordasse il suo passato, qualche cosa di buono la metterebbe spontaneamente in atto. Ma adesso, con tutti gli stimoli di ogni genere, con le informazioni in una direzione e le pronte smentite nell'altra, con le paure che circolano – per cui tutto sembra andare a catafascio – si vive ossessionati. Noi non siamo rappresentati da quello che si dice alla televisione o da quello che si legge sui giornali. I ragazzi che sbagliano, sono una parte ma non la rappresentanza della gioventù. Non possiamo descrivere la gioventù in due blocchi: da una parte la gioventù bruciata e dall'altra quella angelicata o tutta patinata della

pubblicità. E' falsa una ed è falsa l'altra. Nel mezzo c'è la vita reale, con i rischi di finire anche male, però non angosciamoci pensando che tutto stia andando male. Abbiamo preoccupazioni enormi che riguardano guerre, economia, oppressioni, miserie e via dicendo, ma, rumore massmediatico a parte, è sempre stato così nella storia dell'umanità.

Sotto un'ondata di negatività

La negatività oggi ci viene rovesciata addosso in tempo reale e spesso siamo indifesi.

Noi abbiamo un filtro percettivo, grazie al quale facciamo una selezione automatica. Tutto quello che noi facciamo, avviene perché riusciamo a mettere alcuni stimoli da una parte, altri da un'altra parte, alcuni li teniamo proprio lontani. A pensarci bene, ognuna delle brutte notizie che leggiamo sul giornale o vediamo in televisione, meriterebbe una tragedia. Non lo facciamo: non perché siamo indifferenti ma perché sappiamo che non possiamo lasciarci travolgere dall'ondata delle negatività. Dobbiamo resistere nel nostro presente. Quindi, attenzione a ciò che avviene, cerchiamo di capire in che maniera possiamo fare qualcosa per contrastare, ma non lasciamoci travolgere. C'è troppo allarme su tutto e poca attenzione per quanto potremmo fare nella nostra cerchia. In realtà, il fare è uno degli antidoti migliori all'angoscia. I manuali di pronto soccorso sono un po' standard nel mondo. Nella prima pagina, tutti recitano: "In caso di incidente, state calmi". Ma come? E' proprio quello il momento in cui uno non sta calmo. E poi dipende se l'incidente è capitato a me o a qualcun altro e già c'è una bella differenza. In realtà, quando si assiste a qualche incidente, è difficile vedere gente che mantiene la calma. Normalmente, i più calmi sono coloro che sanno cosa c'è da fare. Prendiamola come regola questa: di fronte all'angoscia, di fronte alle paure diffuse, di fronte alle ansie, impariamo che cosa si può fare, diamoci dei limiti, non pensiamo di poter cambiare tutto, cominciamo a cambiare da dove siamo. Questo normalmente rassicura.

L'influenza della famiglia

"Cari genitori, educate i vostri figli come volete, fornite loro gli esempi che vi pare, trattateli come vi piace. Tanto, non servirà a niente, non cambierà una virgola del loro carattere o della loro possibilità di successo nella vita, perché i figli non sono lo specchio dei loro genitori, non imparano da loro, ma dai loro coetanei. Quello che avviene fuori di casa è infinitamente più importante di quello che avviene in famiglia". In buona sostanza, si tende ad accreditare l'idea che la famiglia abbia sempre meno influenza educativa…

Si va avanti cercando di far sensazione e bastano alcune frasi ad effetto per ottenerla. Quando uno dice: i genitori non servono a niente, basta, ha già fatto notizia e raggiunto lo scopo. E' una sciocchezza? Poco importa. Intanto è stata buttata lì, poi qualcuno ci scriverà un articolo, si farà una tavola rotonda, se ne parlerà. Discorsi senza senso e senza fondamento, ma chi ci fa caso? Noi veniamo al mondo assolutamente inermi, non siamo in condizione di poter crescere se qualche adulto

– e non è detto che siano nostro padre e nostra madre – non ci accoglie. Questo vale dovunque: l'essere umano nasce del tutto dipendente dalla presenza adulta. E' l'inizio della storia di tutti noi, sempre e comunque. Chiamiamola famiglia, chiamiamola come vogliamo, ma questo è il nostro ambiente: sono tanti i luoghi in cui possiamo crescere, ma senza un adulto, noi non ce la facciamo. Non un adulto qualunque: con lui, infatti, dobbiamo stabilire una relazione. Per esempio dovrebbe essere attendibile. I bambini hanno bisogno di avere alcuni punti di riferimento fissi e sono punti di riferimento umani, oggetti, suoni, odori, riti e rituali che li aiutano a entrare in questo mondo con i tempi giusti. Se a tutto questo possiamo dare il nome famiglia o dobbiamo usare un'altra denominazione, poco importa: sono le funzioni genitoriali che contano. Non scambiamo i genitori con quelli che hanno messo al mondo i figli. Genitori naturali o aventi funzioni di genitori, non cambia nulla. Contenimento, cura e promozione delle capacità: questi sono i momenti segnanti di una crescita e chiunque di noi viva in un ambiente che assicura questi aspetti, di solito è soddisfatto perché si sente accettato, impara qualcosa, ha una sua identità. Questo è il massimo che possiamo avere e vale per tutti. Quando vado a scuola, nella mia classe, devo vedere se riesco ad assicurare ciò ai miei allievi; quando torno a casa, tento di far qualcosa di simile nei confronti dei miei figli, di mia moglie? Molte volte la risposta è no, tuttavia non possiamo dire che non sappiamo ciò che manca, qualche volta non vogliamo o non possiamo, ma gli elementi ci sono ben presenti, indipendenti dalla cultura e dalla collocazione geografica.

Era meglio nascere orfani?
Sartre e altri hanno provocato, affermando che talora, forse, è meglio nascere orfani...
Che qualcuno arrivi ad un punto tale di esasperazione da maledire il giorno in cui è nato o anche di desiderare di essere orfano, lo posso capire: dipende dalle esperienze di vita che uno ha avuto. Chi guarda più freddamente la situazione, conclude che è meglio non sia così, anche perché noi non possiamo rinunciare a questa nostra caratteristica di non essere mai orfani. Se siamo sopravvissuti, qualcuno si è occupato di noi. Speriamo se ne sia occupato bene. Il fatto è che per orfani noi intendiamo l'assenza dei nostri genitori. Non è sempre stato così nella storia dell'umanità: non c'è sempre stata la famiglia con il papà e la mamma. C'era una mamma e poi c'erano anche una cultura, un villaggio, un gruppo familiare esteso che si occupava di noi. Quindi i veri orfani erano rarissimi. Oggi, con una famiglia che si restringe sempre di più a pochissime componenti, basta che una delle componenti adulte per vari motivi non ci sia, e si apre un vuoto enorme nella famiglia.

Una ragazzina sfila sulla passerella della grande moda a Roma ed è polemica. A Sanremo viene mandata sulla ribalta un'altra ragazzina, di appena 12 anni, ed è pure polemica...
Noi ci occupiamo di questo perché la tredicenne sfila; un'altra canta al festival della canzone e fa cronaca. Sapete quanti bambini lavorano nell'età in cui dovrebbero essere a scuola? Questi non compaiono sui giornali, non fanno notizia, ma sono tanti. Le fatiche più

improbe da compiere sono le indagini sul lavoro minorile sommerso. E' facile e anche accattivante riferire di una sfilata di moda, ma chi va nei campi a vedere dove i bambini raccolgono i pomodori?

Noi siamo tra i più vecchi d'Europa e un giornale ha parlato addirittura di suicidio demografico per l'Italia. Pochi figli, procreati spesso in tarda età per fattori vari, carriere incluse. Siamo il Paese con la più bassa natalità nel mondo occidentale...

Con questa premessa, non c'è speranza, sarà un disastro. Ma non bisogna accettarle più queste premesse. Non esiste una prospettiva simile. L'Italia è al centro del Mediterraneo e avrà sempre gente. Se c'è una cosa di cui l'Italia non ha mai sofferto è la solitudine. Certo, sarà un Paese diverso. Noi siamo una terra di incontri, di incroci, abbiamo bisogno di manodopera, quindi i bambini per le strade ci saranno sempre, anche se non saranno del nostro stesso colore. Può non piacerci quello che sarà il futuro, ma non si può parlare di suicidio demografico: non dobbiamo necessariamente avere paura dei cambiamenti, che interverranno di sicuro. Tutta la storia dell'umanità è fatta di incroci. Siamo stati nomadi per lunghissimo tempo, abbiamo cambiato abitudini, abbiamo combattuto e conquistato terre, le abbiamo perdute. Da quando in qua tale pendolo si è fermato? Il mondo continuerà, con grandissimi cambiamenti e torna difficile immaginare l'Italia disabitata.

Aiutare gli altri fa bene a chi aiuta

La troppa sicurezza fa sparire l'amore, l'interesse, il sogno. Essere nei sogni di qualcuno vuol dire esistere. Se ti danno per scontato è finita. E' davvero così?

Quando ci sono giovani o anche adulti che si sentono deboli, incerti e incapaci di affrontare le difficoltà della vita, una regola d'oro che funziona sempre è il coinvolgimento nel fare qualcosa, per esempio nell'aiutare gli altri anche in minima parte. Aprirsi agli altri dà una dimensione giusta alla mia fragilità. Nel momento in cui io sto sempre concentrato su me stesso, sui miei tormenti – ce la farò, non ce la farò? – precipitiamo in una sorta di isolamento che non porta niente di buono; se invece sono coinvolto in qualcosa che vede gli altri risorgere, ecco che io mi sento più forte. E questo è possibile. Nel curriculum scolastico ci sono alcune attività che, secondo me, danno identità e forza ai ragazzi. E' il caso dell'apprendimento del pronto soccorso: già dalle elementari i bambini imparano a fare interventi per la prevenzione e il trattamento dell'attacco cardiaco. Tornano a casa e sanno delle cose che i genitori non conoscono; questo mette in una posizione di forza. Se qualcuno cade per terra e succede questo, tu bambino di 7 o 8 anni sai che si dovrebbe far così. Altro campo è quello delle attività di protezione civile, con una fascia che si estende dalla scuola materna fino all'università. Ci sono esercitazioni, teorie e tecniche particolari, per cui uno sa che fare in caso di calamità, infortunio o altro. Queste cose non sono in contrasto con l'apprendimento a scuola, ma danno forza perché uno possa essere d'aiuto a qualcuno.

La vita è sempre desiderabile. Il senso della maturità è usare al meglio quello che siamo diventati. Possiamo essere liberi di testa, scegliere davvero ciò che è importante per noi. Come insegnarlo alle nuove generazioni?
Liberi di testa è facile da dire ma difficile da praticare, altro è crescere accanto ad adulti che dimostrano di accettare le differenze, di non aver timore di tutto ciò che è variazione sul tema; questa è la vera libertà di pensiero. Se io vivo accanto ad adulti indottrinati, che considerano solamente ciò che hanno imparato ed è stato loro trasmesso, cosa parlo di libertà di pensiero? Certamente posso stare molto tranquillo, perché non avendo dubbi, so bene quello che devo fare e cioè inseguire quello che mi è stato detto. I bambini dovrebbero imparare fin dalla scuola materna che in classe si gioca, si studia, si fanno delle scoperte, ma anche si impara a vivere. Nel Giappone, che è un Paese ad alto rischio sismico, le esercitazioni che vengono promosse coinvolgono anche le scuole materne che vivono il tutto come un gioco: c'è il colpo di fischietto, i bambini si dispongono dietro le educatrici e si divertono alla grande e intanto però cominciano a entrare nell'ordine di idee che queste sono le cose da imparare, per sentirsi poi persone utili e anche più sicure nella vita reale. E ricordiamoci che questa non è bontà: mentre noi aiutiamo gli altri, aiutiamo noi stessi e ci realizziamo. Aiutare gli altri fa bene a chi aiuta. E' la via dell'umanità.

"E' lunedì, ho mal di cervello"

Messaggino sul cellulare di un ragazzo delle medie:"Ciao, sono in classe, è lunedì e come tutti i lunedì ho mal di cervello per colpa del sabato. Vorrei smettere (con la droga) ma se dovunque metto piede c'è, come resistere? Vorrei che smettessero anche gli altri, ma come? E così finisce che ci spinelliamo in gruppo ed è purtroppo l'unico modo per divertirci". Divertirsi. Ecco il problema d'oggi. Ma come?

Non bisogna mostrarsi troppo accondiscendenti con i ragazzi. Occorre indicare loro una vita altra, diversa, che è conquista, è fatica. Dal messaggio di questo ragazzo vien fuori il quadro che il valore dell'identità personale è zero. La capacità di resistere alla pressione del gruppo è inesistente. Senza gruppo io non sono niente: che è proprio uno dei rischi che noi abbiamo nell'infanzia e nell'adolescenza. Tutti gli adolescenti vogliono il gruppo, desiderano crescere nel gruppo, dove c'è sostegno reciproco: fa parte della normalità. Però non tutti gli adolescenti si annullano nel gruppo. Non c'è un ragazzo che non soffra a stare da solo oppure se il gruppo non l'accetta. A preoccupare sono il ragazzo e la ragazza che non sanno resistere alle pressioni devianti del gruppo. Significa che quel gruppo è tutto per lui. Non c'è una voce interna che viene fuori da un altro ambiente che suggerisca: devi fare una scelta, accetti la strada del gruppo o quella che t'abbiamo insegnato noi? L'identità interna si forma con moltissima fatica e molte volte non si forma affatto e quando non si è formata, i ragazzi dovrebbero essere seguiti molto da vicino. L'sms dalla classe è un grido d'aiuto e le risposte dovrebbero essere in carne ed ossa. Una delle vie sta nel proporre un'identità ai ragazzi, spostandoli da questo ciclo continuo: scuola-sabato-amici-sballi, inserendo novità. Proviamo a farli sentire ed essere veramente importanti, perché fanno qualcosa di utile. Altri ragazzi oppongono resistenza alle pressioni del gruppo perché hanno avuto la fortuna di interiorizzare dei valori e dei messaggi che poi sono un kit di sopravvivenza quando si imbattono in sirene dannose. Nel caso di questo ragazzo dell'sms, per fortuna c'è un ponte: ora si tratta di vedere che cosa è possibile fare per trovare proposte e occasioni diverse e tessere la tela di un'identità nuova.

Un gergo di classe

Radiografia della comunicazione dei giovani d'oggi, secondo Fulvio Scaparro.

Il gergo degli adolescenti cambia da un giorno all'altro. Ogni tanto esce qualche libro su come parlano i giovani d'oggi. Quello è un libro già vecchio nel momento in cui viene scritto. Ci sono lessici di quartiere, di zona, di paese, che mutano in continuazione. Anzi, molte volte i ragazzi considerano veramente vecchi gli adulti che tentano di imitare il gergo. E' sempre stridente, non è mai aggiornato. Avere un proprio gergo è una necessità, è una distinzione che c'è sempre stata. Io ho avuto il mio gergo, poi, crescendo, non ho più avuto bisogno di usarlo. Oggi abbiamo degli strumenti che consentono di rendere ancora più criptico il gergo. A scuola è sempre molto affascinante avere un linguaggio segreto tra i compagni, con un codice riservato. Questa mentalità significa gruppo, compattezza, noi insieme gli altri fuori, esterni, in grado di accedere solo se capiscono qual è la chiave del codice. Se voi guardate i messaggini, molti sono incomprensibili perché esiste un codice. Non vedo niente di straordinario: non credo che sia un calo della comunicazione né un miglioramento. La comunicazione avviene attraverso questo continuo scambio di sms, ma poi ad un certo punto dovrà essere sostituita da un incontro reale. Molte volte noi stiamo facendo come i passerotti e i fringuelli sugli alberi: cinguettano per segnalare la presenza. Non vorrei che passassimo la giornata a mandarci segnali, poi, quando si tratta di toccarci, abbiamo qualche problema. Le prove reali sono quelle del contatto, l'andare insieme, fare qualcosa sperimentando assieme. E' la prova del fuoco.

Le madri ansiogene

Comunicazione tra pari età e comunicazione con gli adulti...

La comunicazione tra i ragazzi c'è e continuerà. Con gli adulti ci sono le difficoltà di sempre. I genitori vengono visti come messaggeri di ansie. Io ragazzo quattordicenne o quindicenne, devo uscire di casa, incontro i miei pari, devo far vedere di non essere un fifone, una persona debole, ma al contrario sono sicuro di me... In realtà sono come tutti gli altri, con le mie paure da nascondere. Ho bisogno di gasarmi un pochino. Quando si incontrano, i ragazzi non fanno la gara a chi è più sfigato, piuttosto ostentano. Se noi dovessimo inseguirli dentro casa, vedremmo che molte volte il linguaggio dei genitori è proprio quello della preoccupazione: attento, non te ne andare a quest'ora, ritorna presto, occhio con quella persona, quel tuo amico non mi piace per niente... Tante angosce che mi fanno diventare ancora più debole mentre esco di casa, quando invece avrei bisogno di surriscaldarmi. Spesso i maschi si irritano e diventano aggressivi nei confronti delle madri, perché queste sono ossessive, ansiogene e rendono fragili.

Paolo Crepet

I diserbanti dei sogni e l'ossessione della competitività

"Ai ragazzi d'oggi abbiamo tolto tutti gli ostacoli
che si ponevano sul cammino.
Questa è un'aids psicologica".
Se un genitore non crede in un figlio,
quel figlio non crederà in se stesso.
Noi conosciamo i nostri figli?
E i nostri figli conoscono noi?
Se come società fossimo capaci di stemperare
quella voglia di limite che c'è nei giovani,
forse molti eccessi non avverrebbero.
Lo so che i nostri nonni ci prendevano a calci
nel sedere e ora, noi, pur di non ripetere quegli errori,
facciamo l'esatto contrario: ma questo esatto contrario
è sbagliato come i calci nel sedere.
Se un genitore non crede nel figlio,
questo crescerà senza credere in se stesso.

Paolo Crepet

Una gran parte di noi s'è illusa che questo benessere economico e sociale significasse anche un'educazione senza dolore e senza fatica: l'idea che stiamo bene e quindi non soffriamo più, non dobbiamo più sudare. Questo è un grave errore. E' vero che non facciamo più la fatica dei nostri nonni e siamo tutti ben contenti che sia così. Ne facciamo un'altra di fatica e la faremo sempre, che è quella mentale, psicologica. Per esempio, avere un'idea è una grande fatica e non è per niente scontato. Se poi quell'idea è anche abbastanza originale, diventa ancor più faticoso difenderla, portarla avanti, arricchirla. Ci troviamo dentro modelli educativi che tendono alla facilitazione generale. Ai ragazzi sono stati tolti tutti gli ostacoli che si ponevano sul cammino; questa è un'aids psicologica. E' devastante, fa paura. Nella vita molte porte sono chiuse, non sono tutte o sempre apribili al primo tentativo: cosa si fa? Se uno è abituato che arriva la mamma e apre la porta, come crescerà? Sono domande sull'educazione che si ripropongono sotto la spinta delle mode, delle tendenze, della comunicazione che orienta i comportamenti. Spesso si è insicuri, indecisi e non si sa quale strada prendere. Si chiedono pareri e risposte ai nuovi orientatori, pedagogisti, filosofi, psicoterapeuti, scrittori. Un volto molto conosciuto è quello di Paolo Crepet, consultato, ascoltato e letto. Parla da tutte le piazze massmediatiche, giornali, riviste, radio, soprattutto tv. Scrive libri di successo. Ha una parola autorevole ed è molto efficace quando è chiamato a dare qualche dritta. Dopo "Non siamo capaci di ascoltarli", per l'editore Einaudi ha firmato "Voi, noi".

Se i padri non credono nei figli

Cominciamo con Paolo Crepet dai modelli diseducativi, per esempio quelli spiccioli, di tutti i giorni, dentro e fuori casa: modelli ai quali non si fa caso: però dannosi e controproducenti...

Quanti giovani, a 20 anni, si ritrovano con la mamma che riassetta loro la camera da letto? Smettiamola, anche se ci fosse disordine per la stanza. L'amore, la buona educazione dei figli sono un'altra cosa. Lo so che i nostri nonni ci prendevano a calci nel sedere e ora, noi, pur di non ripetere quegli errori, facciamo l'esatto contrario: ma questo esatto contrario è sbagliato come i calci nel sedere. Un ragazzo mi confessava che suo padre gli aveva sempre fatto il pieno nel motorino e ora che aveva superato i vent'anni il giovanotto non sapeva dove fosse il distributore. Vogliamo almeno riconoscere che quel padre è irresponsabile? Non ha avuto il coraggio di credere nel figlio.

Se un genitore non crede in un figlio, quel figlio crescerà senza credere in se stesso. E se uno non crede in se stesso, come fa a vivere? Come fa a campare? Dovrà vivere sempre in dipendenza da qualcun altro. Quando si va in un liceo a chiedere agli studenti che cosa vogliano fare da grandi, si sente un commento generale: "Bohhhhhhh". Non è una bella risposta. Significa che non c'è una passione, non c'è un sogno. Stiamo usando i diserbanti invece del concime. Non cresce più niente. Io stesso credo di aver sbagliato, durante tutti questi anni, nell'eccesso di prevenzione del disagio. Sono convinto, adesso, di avere sbagliato. Penso che un po' di disagio ci deve essere ed è un errore colossale volerlo prevenire tutto. Un po' di disagio e la fatica di fare devono rimanere: è l'abc per avere un po' di amor proprio. Non conosco una possibilità di imparare ad andare in bicicletta, senza sbucciarsi le ginocchia. E penso che quel genitore che tiene subito la sella appena il figlioletto barcolla, non compie un gesto d'amore, ma di egoismo. Lo si lasci andare per terra: una piccola caduta previene tante grandi cadute. Se non si prova il dolore, uno riterrà di potersi consentire tutto e il contrario di tutto fino al brusco risveglio, non più per le mani amorevoli di un genitore ma per quelle indifferenti di un padrone di lavoro, un estraneo, uno che potrà fare davvero del male.

Molti vivono come dentro un orfanotrofio

Non siamo più capaci di ascoltare ma non siamo nemmeno più capaci di comunicare, dentro e fuori casa. Che cosa è accaduto? Rimedi possibili?

Non tutti comunicano allo stesso modo e questo mi pare anche giusto. Come tutte le cose si imparano. Non è un dono nel tuo DNA. Se ti piace, se ti pare importante, se accetti la sfida, imparerai a farti capire, in qualche modo. Credo di saper comunicare adesso, ma quando iniziai fu una frana. A una delle mie prime conferenze intervenne mia madre: ne parlò con una mia zia e confessò di non aver capito neppure di che cosa stessi parlando.

Noi conosciamo i nostri figli? E i nostri figli conoscono noi? Io conosco un sacco di adolescenti che del padre non sanno neppure cosa vota. Ci sono persone che non parlano perché non sanno che cosa dire… A 16 anni uno deve prendersela con qualcuno; cresci in

opposizione. Ma se non sai chi è tuo padre, come fai ad essere in opposizione con un ectoplasma?
Ognuno deve cominciare da sé, senza pretendere dagli altri. Basta accendere un televisore per avere mille spunti e parlare a iosa, dalla politica alla guerra, altrimenti è come crescere in un orfanotrofio. Molti ragazzi vivono come in un orfanotrofio pur essendo in casa. Le realtà sono sempre superiori alle aspettative.

Che cosa possiamo fare, come adulti, perché certi comportamenti adolescenziali e giovanili non vengano messi in atto?
Il Comune fa qualcosa? La scuola è emozionante? Il pomeriggio succede qualcosa di interessante per questi ragazzi? Le risposte sono di prevedibile negatività. Se uno, poi, al sabato, si ritrova con le briglie sciolte, normale che esageri. E' ovvio, è sicuro, è giusto. Che cosa dobbiamo aspettarci? Che i figli stiano a casa a vedere la Carrà o Fiorello? Certo, uno forse potrebbe pensare che anche i ragazzi avrebbero diritto – per esempio – a non dover pagare per stare in un posto. Vai al bar, paghi; vai al pub, paghi; vai in discoteca, paghi; vai dove diavolo vuoi, paghi. Gli adulti ci guadagnano. Se come società fossimo capaci di stemperare quella voglia di limite che c'è nei giovani, forse molti eccessi non avverrebbero. Non è nemmeno una questione politica. E' proprio un'ignoranza totale. Da nessuna parte viene fatta questa rateizzazione delle proposte, delle occasioni di svago.

Questa nostra scuola della competizione

Anche la scuola ha la sua parte di colpe...

Siamo arrivati al punto di essere orgogliosi che i nostri figli vengano massacrati di compiti, come se fosse un motivo di vanto che siano condannati a studiare fino alle 2 o 3 di notte. Poi questi figli arriveranno a 18 anni e quando vedranno un libro proveranno l'orticaria. E' sicuro che diventeranno degli ignoranti garantiti. Ci sono le vacanze estive e anche ai ragazzini di seconda e terza elementare rovesciamo addosso valanghe di compiti: vuoi andare al mare? Ci vai con i sensi di colpa. La cultura sadica dell'educazione italiana è senza limiti. Si vuole rovinare la vita dei bambini e dei ragazzi anche durante le vacanze. Bisogna essere anarchici in questo mondo per difendere l'integrità fisica e mentale dei nostri figli, perché te la limano via. Prendiamo un bambino a tre anni: se lo facciamo disegnare: accosta colori, esprime fantasia. Poi arriva l'educazione. Come si insegna? Si prende un grande album, con le figure contornate e si obbliga al disegno ingabbiato. Si arriva a 6-7 anni e tutti fanno la stessa casetta, con due finestre, mai tre, perché altrimenti c'è da chiamare la psicologa. Invece di rammaricarci per l'imperdonabile spreco di originalità, ci sentiamo confortati dall'idea della normalità. Ossessione della normalità. Devono essere tutti uguali, clonati. Siamo al mondo e siamo diversi, per fortuna! E poi basta con tutto questo clima di competizione. Ma vi piace così tanto? La competizione senza idee e senza progetti è la gara più stupida che ci sia. Se c'è una cosa terribile, è competere sul nulla. Prendiamo la competizione tra Bush e Bill Gates.

Uno è diventato competitivo dopo aver avuto un'idea ed è Bill Gates, l'altro non ha mai avuto un'idea ed è solo competitivo. Uno distrugge e l'altro crea; uno bombarda e l'altro ci fa vivere meglio.

Meglio all'osteria che in camera

Che posto dare a sentimenti ed emozioni in un tempo che fa di tutto per relegarli?

Come li vogliamo i figli? Privati totalmente dei sensi? Come si fa a provare delle emozioni senza sensi? I sensi sono i terminali delle emozioni. E come immaginiamo che siano esercitati i sensi? Perché non decidersi a stanare i figli dalle camere da letto, da questi moderni bunker tecnologici? Siamo solo sicuri perché abbiamo il controllo fisico? Perché sappiamo che fisicamente sono là invece che all'osteria? Ma è decisamente meglio all'osteria! Vuoi mettere? La camera da letto con l'osteria? Diecimila volte meglio l'osteria. Almeno c'è la vita, ci sono le barzellette. Se Giovanni non viene a giocare a carte quella sera, tutti sanno che non c'è, che magari ha qualche problema. Ci si domanda dov'è un amico. Ma se ognuno sta a casa sua, nessuno si domanda dell'altro. La seconda è la scuola dell'indifferenza e la prima è palestra di incontri e vicinanza. Che comunità siamo? Non è che siamo piuttosto una società per azioni? Abbiamo un interesse in comune, l'euro, dopodiché, ognuno per i fatti suoi. Non sappiamo niente, non ci importa niente di nessuno.

Si dice che la comunità deve arrivare prima che i drammi esplodono. Il fatto è che oggi si vive tra crescenti paure e uno non se la sente di raccontare le sue debolezze, le sue angosce. Impietosi come siamo, tutto potrebbe diventare un boomerang.

Benedetti i vulnerabili! Di loro mi fido; di quelli onnipotenti no. Uno che non pensa di avere difetti, uno che si dipinge come invincibile, io lo temo. Chi mi parla dei suoi limiti, mi è simpatico, penso che sia una persona più autentica di tante altre e sono convinto che sia anche più forte. Uno che conosce i suoi limiti ha una grande forza. L'onnipotente è fragilissimo. Ma è furbo uno che, pur ricchissimo, non riesce a trovare un attimo di tempo per godersi la vita? Un giorno, arrivando a Genova, con il mare che era un invito a fare sport e divertimento, non c'era una vela sul mare. Non un professionista che abbia saputo trovare una scusa, per staccare la spina del lavoro e permettersi con sua figlia una veleggiata da ricordare per tutta la vita? Non uno che sia riuscito ad evadere dalla sua banale, grigia quotidianità. A cosa serve mettere i miliardi in cantina? Come cresceranno i figli? Senza alcun senso, senza alcuna idea di felicità.

Diceva Pier Paolo Pasolini che non esistono figli innocenti, ed è vero. Ognuno è responsabile per ciò che fa e non fa almeno per il 50 per cento. Metà è colpa dei padri e metà dei figli, che non sono stati o non sono capaci di essere migliori dei padri. Che cosa ci dobbiamo aspettare come padri? Che i figli siano migliori di noi: non che vivano meglio, quello è un aspetto materiale, troppo riduttivo; no, persone migliori.

Lei che padre è?
Quando Maddalena sarà più grande, meglio fare quattro chiacchiere con lei su suo padre.

Furio Ravera

Una bussola per orientare il cervello e il cuore

Le nuove generazioni e le responsabilità
di molti genitori ed educatori
per il fallimento di molte adolescenze.
Il pensiero debole e le conseguenze prodotte.
I giovani che curo io non sono stati capaci
di superare la famiglia, l'autorità paterna,
erigendo un'altra autorità,
assorbendo l'autorità che c'era nella famiglia.
Molti giovani sono diventati distruttivi,
parassitando però economicamente la famiglia stessa.
Vediamo giovani chiedere alle famiglie cose
che nessuna famiglia può dare.
L'immersione in un bagno di modelli fasulli.
Troppe comprensioni non aiutano i giovani a maturare.
E il mondo del lavoro non fa sconti.

Furio Ravera

Educazione, regole, comportamenti e sbandamenti. Non sappiamo più dove stiamo andando e spesso si vagola. Quale posto per la famiglia? Quale per la scuola? E quale, soprattutto, per la comunità?
Furio Ravera, psichiatra, direttore del Centro medico di disturbi della personalità e tossicomanie, scrittore. Da tempo si occupa di indicare direzioni di cammino. Ma le indicazioni sono diventate più difficili. Cura, soprattutto, si occupa di patologie gravi da 25 anni ma si occupa anche di educare: è stato inevitabile interessarsi di problemi dello sviluppo nell'infanzia e nell'adolescenza, che è un crogiuolo di problemi, di emotività ed emozioni. Un percorso pieno di interrogativi ai quali ha cercato di dare risposta in un libro molto pratico ed esplicito: "Le regole" (edizioni Ponte alle Grazie). Punto di partenza: libertà non è trasgressione. Punto di arrivo: le regole aiutano a vivere.

Com'è cambiata la famiglia

Dove mettiamo le regole, oggi?
Io appartengo ad una generazione che purtroppo, o per fortuna – chi lo sa, poi... – si è convinta che rompere le regole fosse un atto emancipativo, una conquista di libertà, senza nemmeno sapere che cosa sia la libertà e senza neppure conoscere il cammino della libertà e, in parallelo, della stessa trasgressione. Io porto i lutti di amici che ho perso per strada, perché su questo gioco della trasgressione si sono smarriti. Trasgressioni di basso livello, di poco costo, senza capire che le trasgressioni vere sono rare. Nel mio più recente libro ho portato come soggetto trasgressivo un giovane ufficiale

medico che, durante i moti di Messina, siamo a metà dell'Ottocento, con atto trasgressivo disubbidì il suo capitano andando a curare i feriti sul campo di battaglia. Rischiò la condanna a morte. Fu uno dei giovani ai quali si deve poi la nascita della Convenzione di Ginevra e della Croce Rossa. Sono valori, questi, nati da una trasgressione. Sono nati da chi è stato capace di andare oltre il pensiero corrente: è l'intuizione di riconoscere gli uomini. Il percorso della riappropriazione delle regole è complesso. E' accaduto che le agenzie autorevoli, i pensieri forti, sono stati abbandonati e quasi si è brindato a questa perdita. Abbiamo pensato che la comparsa della filosofia del pensiero debole, con realtà e punti di vista in continuo mutamento, sia stata una vincita. C'è un piccolo particolare: per i pensieri deboli, occorrono uomini molto forti, in grado di muoversi avendo una bussola nel cervello e nel cuore.

Queste bussole, quando mancano, portano a scelte violente, circoscritte, senza un significato continuativo. La famiglia è stata oggetto di scempi, con attacchi rivoluzionari, che io preferisco chiamare involuzionari; la si è guardata e vista come luogo di repressione. Lentamente la famiglia è diventata un luogo di sfruttamento. I giovani che curo io non sono stati capaci di superare la famiglia, l'autorità paterna, erigendo un'altra autorità, assorbendo l'autorità che c'era nella famiglia. Molti giovani sono diventati distruttivi, parassitando però economicamente la famiglia stessa. Vediamo giovani chiedere alle famiglie cose che nessuna famiglia può dare.

Vogliamo fare qualche esempio?

Non c'è nessuna famiglia che può dare la felicità; non c'è nessuna famiglia che può dare un benessere come fosse una dote; non c'è nessuna famiglia che possa dare l'autostima, l'innamoramento. La famiglia dovrebbe ritornare alle sue radici biologiche, quindi un luogo di cura, di protezione, un luogo che offre risorse e la strada per raggiungerle, ciascuno con la propria iniziativa personale. E' sotto gli occhi di tutti lo spettacolo di egoismo che c'è all'interno delle famiglie, che hanno perso il legame trasversale. Lo possiamo osservare nelle scuole, nei quartieri, nelle strade: perché vige il principio secondo cui i miei figli sono miei; quelli degli altri appartengono agli altri. Viceversa dobbiamo aprirci agli altri, fare esperienza e crescere insieme. I figli sono un patrimonio di tutti, non esclusivi di una famiglia. Siamo in presenza piuttosto di agenzie di sviluppo di ambizioni individuali. A questo punto, i criteri educativi saltano, perché salta il primo e decisivo: cioè il rispetto dell'altro, di valori come la pace, la giustizia, la tolleranza, valori che hanno posto l'altro al centro della nostra attenzione. Se l'altro non viene riconosciuto nella sua umanità, la prima cosa che ci accade è la nostra povertà. L'altro diventa un oggetto. Quando ammettiamo che l'altro – chiunque sia, un figlio, un vicino di casa, un anziano, un giovane, una donna – venga visto e trattato come oggetto o come mezzo per raggiungere un soddisfacimento e basta, lì è finito un ambiente umano con regole e solidarietà. Le regole servono solo dentro un sistema paritetico, dove la regola che impongo agli altri, prima di tutto è rispettata da me.

Dalla porta di casa nostra

Per riappropriarsi delle regole, da che parte cominciare?

Molto semplice: rispettandole! Non però in virtù di una sanzione, ma a seguito della scoperta che attraverso il rispetto delle regole si creano condizioni di benessere. Un vecchio detto arabo ci ricorda che se vogliamo il villaggio pulito, dobbiamo cominciare a pulire davanti alla nostra porta. Ciascuno si deve prendere la sua parte di responsabilità nei confronti delle regole e dell'ambiente. Non si tratta di mettersi d'accordo su qualcosa: prima di tutto è un atto di raccoglimento in se stessi, riconoscendo l'efficacia e i vantaggi delle regole. Non si può giocare a scacchi senza le regole, che sono in sé costitutive di quel gioco. Ci sono invece altre regole che sono "regolative" e sono per esempio quelle del traffico: il traffico c'è anche senza le regole e diventa caotico e pericoloso se non introduciamo dei sistemi che consentano al traffico di scorrere senza pericolosità. I rapporti fra gli uomini possono essere caotici o regolati. Prima della creazione c'era il caos. Si potrebbe dire che la vita è regola. L'organismo umano funziona con un sistema di regole, della chimica e della fisica. In fondo alla mancanza di regole c'è la morte, non c'è la libertà. I sistemi diseducativi o che vogliono prescindere dall'educazione non tengono conto di quale sentiero stanno prendendo. Gli atti omicidi nascono dall'incapacità di riconoscere psicologicamente l'altro.

L'esempio dell'educatore

Qual è il polso della comunità? Da dove, eventualmente, possiamo ripartire?

Ho fondato tre comunità terapeutiche, che non sono dei posti per tenere sotto sorveglianza le persone, ma luoghi nei quali si entra per uscirne il più in fretta possibile come cittadini e come persone capaci di autodeterminarsi, secondo un principio di responsabilità. La vita nelle comunità è quanto di più frizzante ci sia: in alcuni giorni la comunità funziona bene, in altri è un disastro starci dentro. Perché ci sono dei giorni in cui le persone si mettono in contatto secondo norme e sentimenti buoni verso gli altri e ci sono dei giorni in cui si creano, anche dentro una piccola comunità di 20-25 persone, delle spinte egoistiche che si muovono in tutt'altra direzione e la vita dentro la comunità diventa un inferno, con fughe o crisi gravi di malessere. E allora bisogna ripartire da capo, domandandoci come, perché, a che cosa serva una giornata. La comunità entra in crisi perché si dimentica di essere comunità e si avvicina all'azienda, con tutte le vicende che possono accadervi: crisi, antagonismi, perdita del posto di lavoro, il mobbing, le cattiverie. Come responsabile, ho il compito di reggere le tensioni del sistema e possibilmente di scioglierle. Non funziona una comunità se vi porto i miei nervosismi o quello che è successo in famiglia. Il compito educativo nasce nel momento in cui l'educatore si pone non come esempio ma come regolatore. Lo stare a tavola in un certo modo, per esempio, non è solo un atto di buona educazione ma un atto di incontro e perché sia tale ci vorrà un livello di attenzione che va dallo spegnere il televisore, che non può stare acceso dove si mangia, all'eliminare le fonti di rumore o di disturbo. Chi parla più di disciplina? Se lo si fa si accenna subito a qualche sorriso ironico o di compatimento e in tal modo facciamo del danno a noi stessi. Sembra quasi che accettare una norma sia un atto di sudditanza infantile: non distinguiamo fra la disciplina e il bambino piccolo, che è oggetto di insegnamento della disciplina. La capacità di disciplinarsi è un atto forte; la capacità di accettare una disciplina all'interno di un sistema implica la necessità di essere molto forti come sistema. Un gruppo indisciplinato è un gruppo che non funziona. La disciplina è prima di tutto un atto verso noi stessi e quindi, immediatamente, un riconoscimento dell'altro.

Cosa sappiamo dei ragazzi

Comunità e nuove generazioni. Dei nostri ragazzi, che cosa sappiamo, che cosa si aspettano, che modelli diamo, che vita avranno?

Il problema vero e acuto è che i nostri figli sono immersi in un bagno di modelli. Il fatto che si debba fare i conti con un sistema di informazione così potente non è un aspetto da trascurare. La genitorialità è un dovere educativo. Dovunque debba essere impartita una formazione o somministrato un modello educativo, si ha a che fare con la concorrenza di modelli molto potenti, che non si sono posti il problema dell'educazione. La televisione fornisce modelli educativi ma che non sono stati pensati, di cui non si conosce il fine (o meglio, lo si conosce benissimo: è commerciale). Se bisogna fare dei compratori, la tv produce buoni compratori. Non c'è dubbio che un adolescente, oggi, compra o è indotto a comprare con mille sollecitazioni in più rispetto al passato. Da adolescente acquistavo tre dischi all'anno; i Beatles tiravano fuori i loro 45 giri o i loro album con molta parsimonia. L'acquisto di un LP era un evento. Adesso i ragazzi escono dai negozi con pacchi di CD che costano molti euro. Possiamo immaginare che la ragazzina o il ragazzino che compra, riceva molti soldi, perché non disturbi e consenta ai genitori di farsi gli affari loro. La relazione è governata dal denaro; il ragazzino è sottoposto a sua volta a un'immersione nei bisogni. Certi programmi televisivi sono una continua spinta a comprare. Pensiamo all'ondata dei telefonini. Ormai comperiamo un telefonino ogni sei mesi, forse anche meno. Avevamo apparecchi telefonici ai quali ci affezionavamo, facevano parte della casa. Se ritorniamo all'educazione, la voce di un povero papà o di un povero insegnante che cosa può trasmettere? Un giorno una famiglia mi ha portato un figlio che aveva i bleu-jeans tutti tagliati e strappati, piercing, tatuaggi; lui si sedette per primo, mentre i genitori cercavano una sedia per accomodarsi. Inutile precisare che il ragazzo dimostrava un vivo disinteresse per l'incontro. Chiesi sommessamente che cosa facesse, quel ragazzo. Mi risposero che frequentava un famoso liceo pubblico di Milano. E io, povero psichiatra, che cosa potevo fare se un liceo di 1500 studenti fa simili concessioni? Sono queste le sedi in cui si dovevano porre limiti e differenze. A me sta bene che un ragazzo quando va in discoteca si vesta come gli pare, però creiamo la differenza tra scuola e discoteca. Non si va a giocare a tennis o a calcio in smoking. Se non si crea l'ambiente, che vuol dire solennità, che contiene la possibilità di dare il senso di un'esperienza importante, beh, allora tutto decade.

Il tradimento dei giovani

Dovremo rassegnarci a veder crescere il numero di ragazzi che vanno a scuola vestiti come pagliacci, con ombelichi esposti?

Come è stata persa la strada? E come mai non riusciamo a sostenere gli insegnanti? Se un insegnante si sognasse – questa è la responsabilità di noi genitori – di prendere uno di questi studenti che arriva a scuola vestito da spaventapasseri e cacciarlo di classe, immediatamente sui giornali si farebbe strepito e si griderebbe al professore fascista, che attenta alla democrazia. In questo modo si fa del male ai giovani, perché non li prepariamo alla selezione. Questi sono tradimenti. Quando ci si presenterà nel mondo del lavoro, da spaventapasseri nessuno lo farà entrare; al colloquio nelle grandi multinazionali, scrutano il portamento e l'abbigliamento. A Walls Street è ancora pretesa la camicia bianca; poi alla sera questi giovani di Walls Street li incontrerai nei bar in calzoncini e maglietta, ma al mattino alle 8 sono in camicia, cravatta e giacca. Nella vita c'è sempre un momento in cui ti dicono di no. Un mio paziente si era fatto tatuare una specie di serpente che cresceva sulla schiena e sbucava sul collo. Era un ragazzo intelligente, simpatico, buono, che con il cobra aveva poco a che fare. Quando si recò a sostenere il colloquio di lavoro, lo fulminarono proprio per quel serpente sulla pelle. Non era adeguato. In quell'ufficio non faceva piacere che ci fosse un funzionario con il serpente fino al collo. Il problema è che quel ragazzo è stato tradito prima. Gli si è fatto credere che esiste un mondo tollerante in cui i piercing, i tatuaggi e altro ancora sono ammessi. C'è un livello in cui non sono tollerati e quei segni diventano emarginanti: molti ragazzi lo scoprono tardivamente. I genitori e la comunità dov'erano? Si spiegano così dei trentenni, che non si sono ancora svegliati e non hanno ancora guardato il calendario e non si rendono conto che si avviano a diventare patetici. La carriera di figlio dovrebbe finire perché cominci quella di adulto.

Dove mettiamo la tolleranza

Comunità ed esterno della comunità. Dice la Bibbia: "Beato l'uomo perché non conosce la sua sorte". Molti, troppi non sanno che cosa sta accadendo fuori casa, dentro lo stesso condominio, appena girato l'angolo. E non mi pare di poter dire che questa è una beatitudine. Come porci di fronte a questo punto interrogativo che tormenta spesso molti genitori quando i figli escono di casa o quando percorriamo realtà che non conosciamo.

Che senso ha la tolleranza? Che posto ha il rispetto dell'umanità in tutte le sue espressioni? Mi pare di poter dire che noi siamo animali da condominio. Sembriamo delle talpe di tana che escono, vanno a pigliarsi la loro ghianda, rientrano furtivamente la sera, si chiudono nella loro buca e non mostrano alcun interesse per ciò che hanno intorno. Ancora una volta non bisogna metterla in una situazione moralistica. Il vivere in comunità è estremamente utile. I particolarismi locali, i localismi possiedono una ricchezza se questa diventa scambio. Gli arricchimenti che ci sono stati in epoche passate si sono avuti a seguito della capacità di tollerare le culture altrui, di portare e di accogliere qualità di altre culture. Non dobbiamo avere l'arroganza di portare i nostri modelli nelle altre culture con il proposito di farle sparire. E' tristissimo andare in un Paese e ritrovarlo quasi identico al nostro. A volte si fanno venti ore di aereo e ci imbattiamo nelle stesse situazioni e proposte che ci sono in Italia, nel Giappone e negli Stati Uniti. Amavo molto viaggiare quando ero giovane e il mio lavoro mi ha offerto la fortuna di esperienze in Canada e negli USA per studio, lavoro, aggiornamento. Ho conosciuto molte realtà provinciali, che sono poi le più importanti. Ho amato viaggiare in paesi anche lontani e alla fine mi sono accorto che era un po' America dappertutto. Potere dell'omologazione. Ricordo che il viaggio più toccante fu andare in India, una trentina di anni or sono: e là mi sentii davvero ai confini del mondo. Mi dissero che ero probabilmente l'unico bianco in duecento km di raggio. Ora anche questi posti rischiano di sentire la sudditanza della nostra cultura.

Forse stiamo eccedendo in ansietà, ma questo dovrebbe pur contribuire a rafforzare sentimenti di comunità. Perché questo non accade?

Perché non si vede il valore della comunità. Basta chiedere ai genitori quanto sentono importante intervenire direttamente in prima persona nella scuola frequentata dal figlio; quanto sono disponibili a spendere perché quella scuola abbia strumenti didattici adeguati: perché questo è un segnale forte. Se una scuola avesse bisogno di un pianoforte, quanti genitori sarebbero disposti ad autotassarsi per l'acquisto? Quanti genitori sarebbero pronti a generare occasioni culturali per una scuola spendendo una cifra pari a quella che spendono per comprare un abito firmato al figlio o alla figlia? E' su questo che si misura il valore di una comunità: quanto, cioè, sei disposto a investire nella comunità. Il denaro è sostanzialmente un marcatore. Basta vedere i flussi di denaro e si capisce quanto la gente ci tiene agli elementi di comunità.

Una comunità di figli unici

Cantiamo Fratelli d'Italia, Enzo Biagi ha aggiunto con ironia che siamo un po' tutti figli unici. E' una brutta diagnosi per la comunità nazionale prima ancora che per la comunità locale...

E' vero. Tendiamo a essere figli unici. E' anche vero che le famiglie tendono a mettere al mondo solo un figlio, perché sta diventando sempre più difficile avere più figli. Le agenzie che permettono ad una donna di avere un figlio sono poche, gli aiuti sono misurati. Mia mamma era la terza di otto figli che sono stati poi tutti felici, sono tutti realizzati. Io sono figlio unico, però ho avuto la fortuna di avere attorno a me cinquanta cugini, quindi avevo una vasta ed autentica comunità.

Con le nuove tendenze sociali in atto e con il calo demografico, molte cose si complicano nella comunità...

Il problema del contatto con certi valori impone che si faccia un minimo di percorso di avvicinamento. Punto di partenza è il rispetto, una parola che bisognerebbe riprendere e stampare dappertutto a caratteri cubitali. Subito a fianco dobbiamo collocare la responsabilità. Tutti ne abbiamo, non è qualcosa che riguarda gli altri. Ci sono molte opere che ci possono aiutare nel prendere contatto con le fonti e con i pensieri guida. Il problema è che bisogna andare a leggere. Forse dovremmo imparare a sentirci in colpa quando buttiamo via il nostro tempo. Stare a guardare in maniera pigra una trasmissione deficiente, esibizione pura di vanità e di vuoto, è una responsabilità individuale, è uno spreco del proprio tempo, che è molto prezioso.

Dobbiamo ricordarci che esistono i libri, la buona musica, il teatro, buoni film che possono dare molto a ciascuno. Una di queste pellicole è "Il Generale Della Rovere" di De Sica su testo di Montanelli. Se uno viene messo in contatto con il ruolo, talvolta il ruolo è forza d'educazione. Il finto Generale Della Rovere, protagonista del film e del romanzo, finirà per farsi fucilare perché nell'appropriarsi del ruolo in maniera truffaldina, scoprirà una ricchezza e si educherà ad un valore, per i quali si farà fucilare. Non abbiamo bisogno di eroi, ma ci sono testimonianze che costituiscono esempi preziosi. C'è un patrimonio immenso che non viene utilizzato. Penso che dovremmo avere più rispetto del nostro tempo, della nostra vita, di ogni momento, perché ogni momento non tornerà più; e se noi sprechiamo ore a seguire quattro imbecilli in televisione, dobbiamo renderci conto che stiamo buttando via risorse importanti. Non è questione di fare del moralismo, ma si tratta di spostarsi su cose di riconosciuto valore. Dobbiamo evitare la stupidità.

Lei insiste molto sull'importanza delle regole nel processo educativo. Come si possono trovare elementi coadiuvanti di fiducia dentro la comunità, che è decisiva: se manca questa diventa difficile anche educare.

Dovremmo riscoprire un po' gli altri, ascoltarli. Cosa sappiamo degli altri? Chi si ferma ad ascoltare una persona? La bellezza del mio lavoro sta nell'aver ascoltato e nell'ascoltare tante vite. La mia testa è piena di racconti molto intimi di esistenze altrui. Ho scoperto che se le persone raccontano di sé, si viene a conoscenza di aspetti assolutamente inaspettati. Ricordo che da giovane psichiatra mi dovetti occupare di una signora depressa, sulla settantina. Era una donna che non parlava con nessuno, molto spenta. Una volta le chiesi che cosa facesse da giovane. "Ho fatto anche la paracadutista", mi rispose. Non mi sarei mai aspettato un'esperienza del genere. Venne fuori un romanzo. La donna che pareva senza interessi, conosceva tre lingue, leggeva i libri nella lingua originale, aveva avuto una vita intensissima. Era entrata nel tunnel della solitudine e della demotivazione quando la vita l'aveva "punita" togliendole ad una ad una tutte le persone che lei amava.

Purtroppo non ci interessa niente di quelle che sono le tensioni e le sensibilità degli altri. La voglia di farci raccontare dagli esseri umani che abbiamo intorno si abbassa. Quando non ci interessiamo agli altri, quando noi trattiamo gli altri come oggetti, non ne riconosciamo la vita. E' il primo punto che genera il contatto, la riscoperta della vitalità del prossimo.

L'esibizione dell'epidermide

Abbiamo capito che la vita è relazione o non è; e se è difficile vivere con gli altri, è impossibile vivere senza gli altri. Ha l'impressione che si sia complicata la faccenda da questo punto di vista?

Sono convinto di sì. Noto attorno a me una grande solitudine, nonostante ci sia un'ostentazione di esibizioni, di luoghi di incontro, dalle discoteche agli stadi. Ci sono dei bar a Milano dove, di sera, si registrano affollamenti incredibili. In questi luoghi sfido chiunque a tenere accesa una conversazione. Prevale quasi dappertutto il rumore, non si può parlare. Oggi si comunica spesso o in prevalenza con l'esibizione corporea. Non a caso vediamo un interesse crescente per il corpo, fatto di chirurgie plastiche. Ci sono ragazzine che si rifanno a 16 anni; poi c'è l'impiego della palestra a fondo perduto, non per essere in grado di andare a sciare ma per gonfiarsi ed avere forme scultoree. Perché? Ma perché il contatto avviene sulla forma. Ci si incontra per forme. E questa, ancora una volta, è la solitudine. Il linguaggio non conta. Terribile.

Perché c'è il silenzio del mondo della cultura su quanto sta avvenendo? Perché le dimissioni degli intellettuali dal loro ruolo di denuncia e di proposta?

L'intelligenza, gli intelligenti e gli intellettuali ci sono. Si leggono libri buoni e articoli buoni, si vedono anche trasmissioni intelligenti, si ascoltano persone che hanno cose da dire. Ma manca l'interesse perché queste persone abbiano spazio. Se la regola generale è vendere, evidentemente bisogna far parlare quelli che aiutano a vendere. Oppure, se il sistema è organizzato secondo una visione commerciale, il compito è quello di guadagnare in picchi di ascolto, che a loro volta si traducono in spazi pubblicitari. Quando entrano forti interessi dentro un sistema, questi plasmano l'ambiente. Forse noi, come consumatori, potremmo dare qualche risposta. I genitori sono confrontati con una terribile solitudine nella loro missione educativa. Gridiamo in posti dove esistono assorbitori, macchine che spengono le nostre voci e spesso lasciamo correre perché così fan tutti. Gli orari di rientro dei figli, di notte sono lasciati al libero arbitrio dei figli stessi, delle mode, dell'andamento generale. Si assiste ad una depersonalizzazione crescente; altro che colpevolizzare i genitori: non si trova neppure il colpevole. Ci vuole il coraggio di mettere dei limiti, esigere il rispetto di orari e farsi rispettare, anche a costo di esporsi all'antipatia dei figli, reggendo poi la nostra solitudine. Ricordiamoci sempre che non possiamo essere amici dei figli. I nostri figli sanno loro dove e come scegliersi gli amici. Noi genitori possiamo essere solo quelle due figure fondamentali, irrinunciabili che si chiamano mamma e papà. Molti genitori si fanno chiamare per nome: questo è psicologicamente sbagliato. Le parole mamma e papà sono psicoformative. Chiamare il padre per nome favorisce un livello di confidenza che sposta le logiche del rapporto. Papà si chiama papà e basta, così come mamma. Sono due parole importanti, decisive. Quando dovessero chiamare per nome, occorre avere la prontezza di riflessi di un pistolero e correggere subito. Il figlio ci rimarrà male, terrà il muso, ma questa è una fatica piccola perché il sistema educativo parte da piccole fatiche che in realtà sono enormi. Bisogna avere l'attenzione di un cacciatore, con l'orecchio sempre teso, perché le trappole non si presentano grosse, con la scritta "trappola": sono tanti, piccoli percorsi attraverso i quali si altera il percorso educativo. Il più delle volte sono peccati di omissione, di pigrizia. La persona autorevole sa stare anche da sola, all'occorrenza, senza unirsi alla truppa, la quale ha bisogno non di amici ma di un comandante. E toccherà al comandante decidere e assumersi la responsabilità delle scelte di fronte al pericolo.

La società d'oggi invita a prendere subito, promettendo una felicità immediata. Non c'è più bisogno della fatica... Poi si paga il conto di questa sbornia.

Anche la possibilità di sperimentare il piacere, non è un obiettivo che si può raggiungere senza uno sforzo di fatica. Lo sciatore, per godere, deve sottoporsi ad una fatica considerevole, che è quella di imparare a sciare. Se lo si fa da bambini, non lo si ricorda, però c'è un momento formativo di sacrificio. Idem con la musica: non c'è nulla di più ostile di uno strumento musicale quando ci troviamo per le prime volte a suonare un pianoforte o un violino. La possibilità di aiutare un giovane a riflettere su questi percorsi è un atto fortemente educativo. Vale anche per l'apprendimento di una lingua straniera, imparandola bene al punto tale che diventa comunicazione: è richiesta una grande applicazione, con pazienza e memoria. La fatica è inevitabile.

Come mai una volta noi giovani dovevamo lavorare per i vecchi e adesso che siamo vecchi dobbiamo lavorare per i giovani?
Se non sei capace di amarti, non amerai nessuno. Se non ami nessuno, non ami nemmeno te stesso. Quel bambino cui si insegna di prevalere sull'altro sarà un disgraziato, che non vede gli altri e non coglierà mai nulla dal contatto con gli altri. Questa è la strada dell'infelicità. Molte storie di bambini violenti, prevaricatori, tossicodipendenti sono cominciate così. E la responsabilità è dei genitori. Quando i figli prepotenti arriveranno a vent'anni, gireranno con la P38...

Andrea Muccioli

Le isole degli illusi e il deserto degli affetti

Metà degli adolescenti e dei giovani in Europa
oggi "prova" con le droghe:
dieci anni fa era solo l'8-10 per cento
che prendeva questa strada e allora,
a differenza di quanto succede oggi,
i giovani si rendevano conto che l'assunzione
di stupefacenti era un disvalore.
Oggi non è così chiaro.
Smettiamola con le assoluzioni di massa e gli adulti
si prendano la loro quota di colpa:
in maniera superficiale hanno spesso contribuito
a deresponsabilizzare i giovani.
Ma la droga più devastante e insidiosa dei nostri giorni
è il senso di indifferenza che ha avvelenato le menti
e i cuori di moltitudini di adulti.
Non dobbiamo lasciarci spegnere dentro, mai.

Andrea Muccioli

Oggi il consumo di droga riguarda più o meno la metà della nostra popolazione adolescente. Il consumo di sostanze stupefacenti inizia attorno ai 13-14 anni. E' un'età difficile, durante la quale ci si trova confrontati con una scelta: uso la droga o non la uso? C'è il peso del gruppo degli amici. E' un divertimento innocuo, come taluni sostengono, oppure è un pericolo? Se uno non vuole affrontare certi interrogativi, dovrà comunque fare i conti con queste realtà: è il sistema in cui si vive, è questa società a spingere. La differenza, rispetto a dieci anni or sono, è il coinvolgimento di massa di adolescenti e giovani in storie di droghe: le percentuali di allora parlano di un 8-10 per cento. La differenza, però, non sta tanto nei numeri, quanto sul piano culturale, sul metro dei valori. Gli adolescenti e i giovani di allora potevano decidere se usare o non usare droga, ma certamente se decidevano di farne uso, sapevano che quella sostanza, quale che fosse, era vissuta e vista da tutta la società come pericolosa e illecita, in grado di mettere in pericolo lo sviluppo, la dignità, il futuro, la vita delle persone che ne facevano uso. Chi decideva, allora, di usare droga, sapeva di fare qualcosa di sbagliato o che era visto come tale dal resto della società. Oggi non è più così chiaro, perché molti, troppi adulti si sono spinti verso un atteggiamento di irresponsabilità e banalizzazione nell'uso delle droghe. Siccome c'è un rilevante numero di ragazzi che utilizzano droga e, facendolo, si rovinano la vita, piuttosto che prendere distanze e stigmatizzare la negatività di vivere la propria vita alterandola con stupefacenti, si è pensato di blandire, di creare una cultura della compiacenza e della tolleranza. Non ci si è domandati perché un essere umano decide di ricorrere alla droga: è lì il problema della droga, è lì che ci dobbiamo fare domande e senza sconti. Oggi più o meno la metà degli adolescenti europei utilizzano droghe, senza neppure rendersi conto della pericolosità delle sostanze, degli effetti che creano, delle dipendenze che sviluppano, soprattutto del vuoto che non colmano: e questo è più di un allarme. E' molto mistificante, da parte della società adulta, sempre meno predisposta a impegni educativi, liquidare la questione tossicodipendenze con l'alibi della gioventù cambiata.

Le dimissioni degli adulti

Ragazzi più svegli: perché allora certi comportamenti?

I ragazzi non sono tanto diversi da una volta, caso mai sono più svegli. Li vedo molto intelligenti, molto vivi ad afferrare il senso delle cose e della realtà; vedo anche delle forti spinte sul piano emotivo ed idealistico, delle ricerche di senso, che spesso non trovano. Mancano esempi, mancano punti di riferimento. I ragazzi d'oggi non trovano significato nella loro vita, attorno a loro, vedono ondeggiare nel relativismo il mondo, la società, gli adulti, spesso la famiglia, la scuola, quelli che dovrebbero dare degli esempi, una presenza educativa costante. Queste assenze provocano vuoti e disagi, abbandoni, solitudini, un senso di impotenza nel progettare il proprio futuro, nel dare concretezza a ideali, a princìpi, a valori. Tutto ciò indebolisce le ragioni dell'esistere.

La nostra esistenza trova ragione, importanza, bellezza nella misura dei rapporti che intessiamo e che ci legano agli altri. Troppi adulti abdicano al loro ruolo educativo e un numero crescente di giovani è costretto a vivere la propria esistenza, circondato da realtà bellissime, da mezzi tecnologici straordinari, ma dentro un deserto umano. Ecco la fragilità, l'insicurezza, il disagio, il ricorso alla droga. Siamo di fronte a una generazione o due di sbandati, senza midollo, senza cervello, senza struttura morale, ma questi sono gli adulti che non vivono più la bellezza della sfida dell'educare e quindi abbandonano al loro destino le nuove generazioni, dirottate sulle "cose" anziché su rapporti veri. Viviamo in un mondo sempre più autoreferenziale, sempre più individualistico: ci muoviamo nelle nostre piccole sfere e proviamo fastidio nell'urtare le nostre sfere con quelle degli altri. Il bisogno di socialità diventa un fastidio. Ci rinsecchiamo dentro noi stessi, cerchiamo di accumulare ricchezza e benessere. La droga più devastante e insidiosa dei nostri giorni è questo senso di indifferenza che ha avvelenato le menti e i cuori di moltitudini di adulti. Non dobbiamo lasciarci spegnere dentro, mai.

Dove trovare un ormeggio

La famiglia d'oggi, in Occidente, sta disgregandosi. Lo vediamo da moltissimi sintomi...

Sono sempre meno le famiglie che tengono il televisore spento quando mangiano tutti insieme, a casa, due volte al giorno. Si parla sempre meno. Anzi, a volte il televisore è acceso proprio per evitare un confronto, un dialogo. Si cade nella superficialità. Ragazzi inchiodati per ore e ore davanti a un televisore o ad un computer, senza una presenza significativa di adulti, intorno a loro: che sogni possono fare? Che futuro possono disegnarsi? Dove si trovano esempi educativi e sponde affettive? Chi insegna, con la coerenza della propria vita, ai ragazzi con i quali entrano in contatto, il significato di parole impegnative come onestà, responsabilità, rispetto, altruismo, ascolto?

Il risultato del vuoto educativo è lo scollamento enorme tra generazione dei giovani e generazione degli adulti e la colpa è degli adulti. Non possiamo scaricare tutto sui giovani.

Noi, a San Patrignano, cerchiamo di educare. Per educare ci sforziamo di essere un esempio vero, profondo, concreto, quotidiano, significativo per tutti i ragazzi che ci chiedono una mano. La prevenzione è importante, ma non può essere ridotta a informazione, per quanto corretta. Una testimonianza può essere significativa ma rischia di lasciare il tempo che trova. Conta piuttosto che persone, le quali credono profondamente in questi valori, essendo anche disposte a viverli, affianchino i giovani, rischiando in proprio, mettendosi in discussione, ascoltando. Avere a disposizione adulti di questo tipo, persone, ragazzi con questo temperamento, tutti i giorni sarebbe un ormeggio importante per la crescita di ciascuno. Il problema è che mancano queste presenze e queste risposte.

Nel nostro piccolo, a San Patrignano, cerchiamo di farlo: dentro la comunità, accogliendo dei ragazzi che hanno già segnato profondamente e negativamente la propria vita con droga, tossicodipendenza, carcere, reati vari, prostituzione, abbandono dei propri figli. Lavoriamo per ristrutturare, restaurare, ricostruire

delle opere d'arte – l'essere umano resta un'opera d'arte unica e inimitabile –: riportare ad una nuova vita non solo è molto faticoso, impegnativo e doloroso ma anche molto lungo, con impiego di risorse di tempo e di mezzi.
Lavoriamo molto sulla prevenzione e lo facciamo realizzando delle comunità educanti, dei luoghi in cui giovani e adulti si incontrino, si ascoltino, in un clima di armonia e di socialità. Su questa strada, mettiamo in guardia non solo dalle sostanze stupefacenti, ma dalle molte droghe che possono intossicare le nostre vite. Il lavoro, che è una componente centrale nella nostra vita, può diventare una droga. Se uno ha paura dei rapporti umani, degli altri, non ha una vita soddisfacente con la sua famiglia, non riesce a vivere dei rapporti con loro, si isola nel lavoro e nella carriera, si chiude lì dentro, a modo suo si droga.
Il gioco, il divertimento, lo sport che sono strumenti di crescita e di socializzazione, di espressione della propria personalità, se usati male o forzati, possono diventare pericolose droghe. E' il modo che fa la differenza.

Giovani truffati dalla società

Come rimotivare a vivere chi è sprofondato nella palude della droga?

A San Patrignano, con i nostri 1800 ospiti, a fronte di uno sfascio sociale che è sotto gli occhi di tutti, io mi batto per costruire qualcosa di diverso. Sono cresciuto in questa famiglia allargata che è San Patrignano. Avevo 13 anni quando la mia famiglia ha aperto le porte ed ha accolto i primi sbandati, violentissimi e difficilissimi. Erano i vecchi tossici degli Anni Settanta, che venivano da storie di devastazione enorme, però avevano dentro delle scintille, erano un po' dei diamanti grezzi. Avevano delle spinte ideali, profonde rivendicazioni da fare o che avevano fatto. Volevano cambiare la società, avvertivano un incoercibile bisogno di socialità, di uguaglianza, di libertà, ma si erano persi per strada, vittime dei loro squilibri, delle loro debolezze. Ad un certo punto avevano perso completamente l'orientamento ed erano scivolati verso rivendicazioni cieche. Sapevano capire quando arrivava per loro il bisogno di aiuto. La droga è sempre stata una risposta sbagliata a un bisogno magari anche condivisibile. Oggi i ragazzi che arrivano in comunità hanno tra i 18 e i 24 anni, la maggior parte di loro sono approdati in tempi brevi ad un grande disagio, ad una tossicodipendenza che ha distrutto loro la vita. Nonostante questo, giungono in comunità quasi del tutto inconsapevoli del fatto che sono tossicodipendenti. Vivono in una società che li ha truffati, facendo credere loro che non si dovevano sentire tossici se avessero utilizzato una droga non "sparata" in vena. Farsi delle "canne", impasticcarsi, sballare: tutto questo andava bene. Si è fatto credere loro che le droghe leggere non sono dannose, né pericolose. Sono giovani che da anni si bombardano il cervello di ecstasy e derivati, bruciandosi letteralmente dei pezzi di cervello. Non sono più in grado di controllare il loro pensiero, le loro emozioni, la loro memoria: situazioni di panico. Ma non si considerano tossici, come quelli della panchina che si fanno da dieci anni.

Eppure non riescono più a controllare la loro vita, le loro emozioni, i loro pensieri. Forse c'è qualcosa che va controllato e prendono perciò la strada di San Patrignano, con il rifiuto totale di considerarsi tossicodipendenti. Passano dieci mesi o un anno, continuando a non considerarsi tossici, nella difficoltà enorme di ricostruire un rapporto sensato. La difficoltà è quella di capirsi. Io parlo e il ragazzo che ho di fronte non recepisce neppure ciò che dico. Prima di poter ricostituire un minimo di facoltà reali, di elaborazione del pensiero e delle emozioni, passano dei tempi veramente lunghi, mesi e mesi.

La nostra risposta è il farmaco

Una percentuale rilevante dei giovani e degli adolescenti che vivono in Europa stanno in questo girone...
Questa è purtroppo una gigantesca epidemia sociale. Come la combattiamo? Cercando di tornare padroni di noi stessi nel nostro ruolo di educatori? No, noi continuiamo a disquisire tra droghe e droghe, leggere, pesanti, pericolose, meno pericolose. E quando ci troviamo con il problemone di un ragazzo che a 16 o 18 o 20 anni non controlla più niente della propria vita, è terrorizzato, non sa come fare, però non si considera tossico e non è disposto a farsi aiutare, che cosa facciamo? Lo bombardiamo di farmaci. E' la nostra risposta di società organizzata.

Gli diamo un luogo in cui amarlo, fargli sentire il significato del vivere, insegnargli un lavoro, ricostruire i suoi interessi per la vita, ripristinare un equilibrio, farlo sentire inserito nella società? No! Come società organizzata sappiamo solo imbottire di psicofarmaci. A scuola vogliono dare il Ritalin. In America già lo fanno. Se uno è troppo vispo o non sta abbastanza concentrato durante le lezioni dei professori, gli sbattono dentro del Ritalin, la prodigiosa pasticchina che fa stare tranquilli.

Quando poi si manifestano problemi più gravi – destabilizzazione, comportamenti antisociali – quando questo disagio si sviluppa e crea ulteriori problemi?
Lo prendiamo e mettiamo in clinica. Qui, con la scusa di fargli un po' di psicoterapia, lo ingozziamo di psicofarmaci, se uno si è iniettato della droga, gli diamo addirittura del metadone a go-go, che è una droga alternativa, un oppiaceo sostitutivo dell'eroina. Alla fine, questo poveretto, dopo anni di simili trattamenti, manifesta non più solo tratti antisociali, ma delle vere e proprie psicosi, il disagio si fa talmente acuto da diventare malattia psichiatrica.
Come Europa, oggi stiamo facendo esattamente questo. Per vent'anni si sono costruite sacche sempre più grandi di emarginati giovani. Si impone un tentativo di cambiamento nella rotta di questa società. Oltre a essere un veicolo concreto di educazione, di stimolo alla vita, di integrazione sociale e di rilancio personale, dobbiamo dare il contributo della lucidità, della consapevolezza e di una certa esperienza, per cercare di testimoniare alla società civile che si è presa una deriva e che è molto importante l'impegno di ogni singola persona per dare una sterzata molto brusca alla rotta impressa. C'è un abisso tra emisfero della normalità

ed emisfero degli emarginati che se ne stanno lì come zombies, trattati con droghe, psicofarmaci o altro, parcheggiati chissà fino a quando. Le tinte sono fosche ma senza alcuna esagerazione. Noi abbiamo il dovere di guardare questa realtà, non voltando la faccia dall'altra parte per paura di vedere.
Se in Occidente si consuma tutta la valanga di droga di cui si sa, cerchiamo di andare al perché. Vuol dire che uno non si basta, non è contento di quello che è e di quello che ha; altrimenti non sarebbe spinto ad alterare il proprio rapporto con se stesso, con gli altri e con la realtà. La nostra vita prende forma e motivazione dal momento in cui entriamo in rapporto con gli altri e noi stessi entriamo nella vita degli altri. Purtroppo sta accadendo che diventiamo sempre più isole. Il tragico errore è illudere noi stessi e i nostri ragazzi che bastino un buon lavoro, dei soldi, delle cose per essere felici.

Vittorino Andreoli

Educare: un'avventura per genitori e figli

I difficili momenti del cambiamento
visti dal neuropsichiatra Vittorino Andreoli.
La precocità, la maturazione e le fragilità d'oggi.
Basta divisioni tra mondo degli adulti
e mondo degli adolescenti.
Educazione come concetto globale.
Questi adolescenti li abbiamo messi in un teatro,
sul cui palco sono dei bei personaggi,
ben vestiti, qualche volta un po' originali,
ma poi sotto non c'è nulla.
Educare è ascoltare.
E significa avere un grande gusto dell'avventura
e mettersi insieme al proprio figlio
per fare esperienza di vita.

Vittorino Andreoli

Giovani e universo giovanile all'interno della famiglia e della società d'oggi. Chi sono gli adolescenti del nostro tempo? Che cosa vogliono? Perché il mondo degli adulti non riesce spesso a comprenderli? E ancora: come considerarli una risorsa e non sempre è soltanto un problema? Lo facciamo con uno che se ne intende: Vittorino Andreoli, neuropsichiatra, criminologo e scrittore. E' autore – tra i molti libri sulle nuove generazioni – di un libro che ha un titolo rivolto proprio a loro: "Lettera a un adolescente". Il destinatario vero però è un altro: l'adulto. Vittorino parla a nuora perché suocera intenda.
A come Adolescenti. A come Andreoli. Non si può continuare separando l'anagrafe e la società per segmenti. Se si parla di adolescenti, si fa automaticamente riferimento alla famiglia, ai docenti, alla scuola. La società deve decidersi a dare un posto e un ruolo agli adolescenti e non limitarsi a cacciarli dentro una sacca in cui l'unica cosa che spetta loro è apprendere, prepararsi ad avere un significato domani, caricato magari solo di valenza economica, poiché la professione è sempre la metafora del quanto denaro guadagnerai.

Intelligenza e sentimento
Vittorino Andreoli, chi è l'adolescente del giorno d'oggi?
Rimane sempre un ragazzo che è in metamorfosi. Credo che la parola meglio capace di descrivere l'adolescenza sia proprio questa: metamorfosi, cioè un cambiamento rapido, che non è solo del corpo ma è anche della personalità e quindi delle *valenze* sociali. Insomma, ci si sveglia al mattino e si è come il signor

Samsa della "Metamorfosi" di Kafka, in cui uno si vede mezzo insetto e, se si guarda allo specchio, prova orrore. E' un momento difficilissimo, come sempre i momenti di cambiamento.

Tutti o molti concordano sulla loro precocità. Ma non sono anche più fragili questi adolescenti d'oggi?
Ah, il grande problema della maturazione! Si dice e si ripete che gli adolescenti di oggi sono più maturi degli adolescenti di ieri. Qui innanzi tutto bisogna chiarire che cosa significa maturazione, perché noi possiamo parlare di una maturazione fisica, di una maturazione anche intellettiva, razionale. Certamente la capacità di comprendere le esperienze che un adolescente fa oggi rispetto agli anni precedenti è molto più ricca. Gli adolescenti di oggi sono più intelligenti dei loro coetanei del passato. Poi, però, ci sono i sentimenti. Se valutiamo la capacità di gestire le emozioni, i legami, i sentimenti appunto, li vediamo fragilissimi. Allora: da una parte c'è una maturazione, dall'altra sono molto più fragili e molto più immaturi.

Le adolescenze al plurale sono diversissime l'una dall'altra, ciò dipende non solo dall'anagrafe ma – specialmente in questo tempo – anche dalla società e dalla cultura di un particolare momento storico...
Bisogna smetterla di fare le grandi separazioni. Il mondo degli adolescenti, il mondo degli adulti, gli adulti che sono preoccupati degli adolescenti, gli adulti che soffrono... In realtà, dobbiamo sapere che noi abbiamo gli adolescenti che facciamo, gli adole-

scenti che la società costruisce e l'immagine calzante qui è quella del burattinaio – che è l'adulto, il padre o la madre – rispetto a questi adolescenti, i quali poi seguono le direttive, seguono i modelli che diamo, seguono addirittura l'abbigliamento. In fondo suggeriamo tutto noi, dietro le quinte. Questi stessi burattinai, poi, si scandalizzano che Pinocchio vada con la Volpe. Bisogna rivedere una società insieme, partendo dalla micro-società che è la famiglia.

Torniamo a lavorare sui desideri

Parliamo di quegli adolescenti – una gran parte – che non si piacciono. Come raggiungere o aiutarli a raggiungere l'autostima?

Si deve lavorare sui desideri. Mi piacerebbe che le persone che ci leggono potessero porsi questa domanda: quali sono i desideri di mio figlio, di mia figlia? Che ne parlino i genitori e anche gli stessi adolescenti. Non c'è dubbio che questi ragazzi si vedono brutti, ma se manca una prospettiva del tempo, cioè la percezione di un futuro dentro cui poter vedere il cambiamento completato e anche una soluzione di ciò che non ti piace oggi, è chiaro che nell'iper-concreto, il sentirsi brutti significa non poter uscire, non avere un senso. Allora, perché stare a questo mondo? Occorre parlare del desiderio, che è la capacità che ciascuno di noi ha, di immaginarci, nel futuro, diversi da come siamo adesso. Si tratta di sostituire il desiderio proprio di ciascuno, in base alle singole caratteristiche, rispetto al desiderio-spot che martella ossessivo: esci, compra questo, perché se non ce l'hai sei finito. Noi, attraverso la promozione dei desideri-spot non facciamo altro che cancellare il futuro, mentre dovremmo aprirlo, perché solo nel futuro questi ragazzi possono desiderare di essere diversi, quindi anche non brutti.

Preoccupa l'aumento delle depressioni giovanili. Brutto campanello d'allarme. Che cos'ha da dire il neuropsichiatra Andreoli?

La depressione è un termine che nasconde la solitudine. La depressione è una maschera del sentirsi soli e inutili. Non è possibile continuare a tenere gli adolescenti in una situazione di inutilità. Dobbiamo tener conto che o gli adolescenti sono piccoli protagonisti nel quotidiano oppure cercheranno di diventare poi gli eroi, oppure si sentiranno soli…

Lo sbocco, a questo punto, è nel gruppo, che è una caratteristica degli adolescenti. E' nel gruppo che si cerca di socializzare. E' un lubrificante sociale. Nel gruppo o nel branco ci si copre; nella relazione d'attaccamento, ci si spoglia. Bisognerebbe svelarsi, ma è più comodo nascondersi…

Il gruppo è un'esperienza indispensabile e nello stesso tempo è un'esperienza che può diventare pericolosissima. Si tratta di aiutare l'adolescente a fare l'esperienza in gruppo. Prima di tutto, i genitori non si devono opporre, non possono avere un pregiudizio e cercare di guidare i propri figli fuori dal gruppo. Ci si può rivolgere loro richiamando un pericolo: "Attento, il gruppo può togliere la tua individualità, può sommergere i princìpi in cui credi. Il gruppo ti è necessario ma vedi di non diventarne vittima". Vanno cambiate le strategie familiari. La famiglia – diventa quasi assurdo – dev'essere aperta al gruppo, nel senso che se ne parla, nel senso che non si bocciano gli altri perché non sono i figli degli amici, perché ci sono pericoli. Il gruppo comporta dei pericoli. L'unica maniera per aiutare i figli a non correrli è quella di stare loro vicini.

Trasgressione, il carnevale della rivolta

Conflitto e trasgressione. Quanto aiutano a maturare?
La trasgressione, che è il più frequente modo di "essere contro", in realtà non aiuta molto. Sono semplicemente delle scorciatoie per poter fare le cose che in qualche modo la società pretende che si facciano. In fondo, se guardiamo bene, abbiamo anche simpatia per la trasgressione, che è fatta di piccoli gesti, raccontati dalle madri alle amiche con qualche mezzo sorriso abbozzato. La trasgressione non aiuta molto, al contrario del senso della rivolta. Se mi viene chiesto di fare qualcosa, io non dico né subito di sì né subito di no. Cerco piuttosto di valutare se quella richiesta è compatibile con ciò in cui credo. Se lo è, rispondo sì, altrimenti dico di no. E dire di no in quel caso significa avere ben presente una propria unità, una propria individualità. Quindi, disobbedire vuol dire anche migliorare la società. Adesso troppi giovani sembrano vestiti da rivolta: siamo al carnevale della rivolta?. La trasgressione è il carnevale della rivolta, è mettersi la maschera, fare quello che si vuole. Del resto, è il carnevale del buio, perché è nella notte che

il gruppo mostra di fare cose eccezionali, che poi sono una grande banalità. Bisognerebbe smascherarsi e finalmente valutare ciò che per noi è importante e quindi magari opporsi: ma sulla base della rivolta. E' bello per un padre avere un figlio che dice: "Io non sono d'accordo per questo, questo e quello". Purtroppo non c'è più nemmeno il confronto. Non ci sono più le ideologie. Questi adolescenti li abbiamo messi in un teatro, sul cui palco sono dei bei personaggi, ben vestiti, qualche volta un po' originali, ma poi sotto non c'è nulla.

Genitori davanti allo specchio

Lei esorta a criticare papà e mamma, ma poi esorta anche, ancora di più, ad amarli sempre...

Io mi sono convinto di due cose. La prima: ormai gli adolescenti non vogliono più essere trattati come un gruppo. C'è la percezione della propria identità: sì, siamo gli adolescenti, ma io mi chiamo Luigi e sono diverso da Antonio. Quindi c'è bisogno della comunicazione e la comunicazione non può che essere rivolta ad un adolescente. Secondo aspetto: non è più possibile coltivare l'idea che l'adolescente deve solo ricevere. A lui io raccomando: "Ricordati, devi capire i tuoi genitori, non solo, ma tu li puoi aiutare ad essere migliori". Il rapporto padre-figlio non è più da una parte il figlio e dall'altra il padre, ma è la circolarità, è la comunicazione. Non è più possibile parlare di adolescente se non si parla anche dell'altro, cioè di quello che si mette in comunicazione. Io mi confesso in questo libro: "Ti devo dire, caro adolescente, che sono vecchio, che sono padre e che sono nonno". Non se ne può più di psicologi, psichiatri, sociopedagogisti. Questi hanno promosso un criterio in virtù del quale, quando in famiglia un adolescente ha un problema, dice: mandiamolo dallo psicologo... Tutta questa mentalità, alla resa dei conti, ha portato alla delega. A contare dev'essere una comunicazione affettiva. Dobbiamo guardare ai sentimenti, ai legami: ed ecco perché il padre e la madre rimangono tali anche nei casi peggiori. Possono sbagliare, ma sono gli unici che sbagliando, vogliono bene ai figli. Spesso l'affetto può anche provocare degli errori.

Piccoli o grandi, tanti o pochi, eroi del nulla crescono. Come trasmettere loro qualcosa in questa società complessa e problematica?

Mentre un tempo parlavamo molto di "cosa" dire, di "quali" idee sostenere, oggi io parlo soprattutto di valutare, di monitorare la presenza di un rapporto affettivo. Allora io raccomando ai padri e alle madri: fatevi questa domanda, davanti allo specchio, al mattino o alla sera: "Ma tu, vuoi bene a tuo figlio? Che tipo di legame hai?". Se la risposta è che non gli vuoi bene, il figlio diventa un problema e allora, invece di andare a casa starai mezz'ora o un'ora di più in fabbrica o in ufficio, vivrai tutto come un peso. Dobbiamo stabilire – più che i contenuti – i legami, i sentimenti, per arrivare a quell'espressione: io non sono d'accordo con quello che tu fai, con quello che hai fatto, non lo condivido, ma sappi che sono tuo padre e ti voglio sempre un gran bene".

Un problema antico e sempre nuovo: la droga. Lei scrive all'adolescente: "Stai attento a non mettere in droga i tuoi bisogni. La droga non è solo una sostanza chimica ma uno stile di vita". Detto questo, si dichiara contro tutti i tipi di droghe e definisce "maiali" gli spacciatori...
E' una questione di diritti. Parliamo sempre di diritti in quest'epoca. Tutti hanno diritti da rivendicare. Il diritto che ha un giovane è quello di non drogarsi. La società deve metterlo nelle condizioni di poter risolvere tutti i suoi bisogni senza ricorrere a queste scappatoie. Se noi aiutiamo i giovani a essere piccoli protagonisti, non saranno gli eroi della droga, non avranno quella frustrazione che troverà sbocco e fuga nella sostanza. E' il diritto a non drogarsi. Io sono contrario da sempre a tutti quelli che sostengono il diritto a drogarsi.

Testa e cuore
Il comportamento è influenzato soprattutto dai sentimenti e non sempre la ragione è in grado di modificarlo. Dunque i sentimenti guidano la ragione...
E' finito il tempo illuministico. Anche qui, guardiamo il mondo degli adulti. Non ci sono più ideologie, non ci sono più sistemi, ormai abbiamo frammentato tutto. Guardiamo la televisione, frammenta tutto, frammenta persino il modo di pensare. E qui non è possibile creare sistemi razionali. La fine della ragione c'è. Io difendo la ragione, perché dobbiamo organizzarci razionalmente, però dico anche che i sentimenti dominano il comportamento e si può arrivare a comportamenti inaccettabili, che si compiono, men-

tre si dice: ma questo non lo dovrei fare. In qualche modo, l'inconscio, i sentimenti, tutto ciò che ci guida quasi istintivamente domina la ragione.

Genitori-figli. Apprendere significa cambiare e imparare vuol dire modificare il nostro modo di comportarci. Il problema è come.

Non è scontato dire ai genitori che quando un figlio lascia l'età infantile ed entra nell'adolescenza – e il passaggio è biologico, si ha con la pubertà – si deve cambiare completamente registro; l'adolescenza di un figlio deve portare in qualche modo a modificarsi per poter stabilire con lui una relazione nuova. Al contrario, tutti i genitori si disorientano: "Oh, professore, mio figlio ha un comportamento incomprensibile!" Sì, è incomprensibile rispetto all'infanzia. Ma proprio perché è cambiato, devi leggerlo in modo diverso e devi stabilire un rapporto diverso da quello dell'infanzia. L'adolescenza non riguarda solo i ragazzi ma riguarda anche i genitori, la famiglia. Ecco che parlerei di adolescenza della famiglia. Un adolescente cambia completamente le logiche relazionali. Prima si piaceva, adesso si vede e si sente brutto; prima la casa dove abitava era bella, adesso la stanzetta fa senso...

Come dovrebbe esprimersi l'autorità?

L'autorità deve esserci. Se uno è autorevole, è coerente, sa avere un fascino per il proprio figlio e c'è stima. Il problema è che molti padri non hanno l'autorità, usano l'autoritarismo. Per farsi notare, devono imporsi. Qui il problema è che noi padri abbiamo bisogno di trovare una coerenza. L'autorità è qualcosa che non si compra al supermercato; l'autorità va costruita, maturata, conquistata. C'è bisogno di ricostruire dei padri.

Ricominciamo a volare alto, a sognare

Educare: che cosa significa o dovrebbe significare, soprattutto?
Ascoltare. E significa avere un grande gusto dell'avventura. Significa mettersi insieme al proprio figlio per fare esperienza dentro questa grande novità che è la storia di un adolescente, rispetto a quella del padre che ha più anni.

E quando si è tormentati dall'idea di aver sbagliato tutto?
Questo mi preoccupa meno di colui che pensa di non aver sbagliato mai. Io faccio parte di quelli che qualche volta si alza al mattino e pensa di aver sbagliato tutto. Io lo dico ai miei figli, lo confesso. Siccome il dialogo con gli adolescenti e con i figli dev'essere affettivo, perché un padre non può raccontare i propri dubbi? Anche i padri hanno delle difficoltà ed ecco perché io ripeto sempre anche agli adolescenti: aiutate i vostri padri a poter fare meglio i padri.

Genitori con la paura di tutto, figli con la spavalderia del tutto mi è possibile. Dove sta una corretta linea di mezzo?
Sta nella comunicazione. Sta nel dialogo. Qui non c'è più spazio per gli eroi. Si tratta di entrare in rapporti

del tutto normali e normali significa stabilire una relazione affettiva con il proprio figlio, fondare una solidità sugli affetti.

Adolescenti di fronte al tempo e al futuro. Progetti, speranze, desideri. Come si impara il futuro?
Bisogna insegnarlo, bisogna volare alto. E qui abbiamo ammazzato anche le ideologie. Non c'è più niente. Tutto si vive nel concreto: su quanti soldi hai e ne avrai domani mattina. Allora dobbiamo cominciare tutti a sognare. Mai avrei pensato, nel passato, di poter arrivare ad un giorno come oggi per fare l'elogio delle utopie. Di fronte ad una società così povera, così miserabile, che non dà spazio ai giovani, cominciamo a sognare. Questa è un'adolescenza iperconcreta, tutta legata a quello che farai adesso. Ci sono adolescenti che stanno due ore prima di andare sul corso, perché non sanno quale mettere dei 27 jeans che hanno in guardaroba. Tutto è legato al corpo. Bisogna sognare, volare, pensare ad un mondo diverso, immaginarsi dei protagonisti e non solo degli attaccapanni che indossano degli abiti più o meno eleganti e che esibiscono l'ombelico. Facciano anche questo, se vogliono, ma non è questa l'esistenza.

Una raccomandazione per l'adolescente e una per i genitori.
Per i genitori vorrei che subito, senza perdere altro tempo, la mamma parlasse con il padre e viceversa e insieme si interrogassero sui desideri dei loro figli. Che cosa desiderano? Affrontando la domanda del

desiderio, noi cominciamo finalmente ad entrare nella mente dei nostri figli, non solo sul corpo. Cominciamo a vedere che senso stanno dando alla vita.

Agli adolescenti voglio raccomandare di stare attenti ai loro genitori, papà e mamma. Mi piacerebbe che li vedessero come persone che vogliono bene ai loro figli. Gli adolescenti possono aiutare i loro genitori. Non c'è più l'educazione concepita su due blocchi: chi educa e chi viene educato. E allora, se anche l'adolescente dà una mano magari ad un padre in difficoltà, quella relazione andrà molto meglio. Spesso i dubbi, la fragilità anche dei genitori, può diventare una forza. Non pensiate che bisogna essere perfetti per essere un buon padre e una buona madre; piuttosto, bisogna stabilire dei rapporti che siano stabili e continui.

(Intervista di Vittorino Andreoli
con Giuseppe Zois
trasmessa in Modem
alla Radio Svizzera)

Andrea Spada

Il giardino della pazienza e il fiore dell'impegno

Giornalista, scrittore,
direttore per quasi 60 anni del quotidiano
"L'Eco di Bergamo", di cui è stato padre e anima.
Protagonista del Novecento,
era nato il 24 gennaio 1908, a Schilpario,
dove è morto il 1° dicembre 2004.

Don Andrea Spada, "Gladius" per i lettori de "L'Eco di Bergamo", si è occupato per oltre settant'anni dei problemi educativi e dei rapporti genitori-figli, giovani e adulti: dapprima come prete poi soprattutto come uomo di cultura e di grandi sensibilità e attenzione ai cambiamenti. Lo ha fatto da un osservatorio speciale: quello di un quotidiano, di cui è stato direttore per sessant'anni. Grandi trasformazioni sociali, enormi mutamenti del costume, una velocizzazione in tutti i fenomeni. Si è entrati in un tempo che ormai non ha più categorie: il giorno e la notte, i giorni feriali e quelli festivi…

Don Spada ha saputo cogliere con puntualità ciò che è andato accadendo. Notevoli intuizioni, modernità di pensiero, capacità di cogliere i fermenti delle nuove generazioni. Non si può buttare la grammatica ad ogni nuova stagione.

Abbiamo tratto alcune linee del pensiero di don Andrea Spada in fatto di educazione, dal 1940 in poi. Sono le situazioni con cui si sono dovuti confrontare generazioni di padri e figli. E' un modo per onorare la memoria di questo grande protagonista del Novecento nel giornalismo e nella cultura italiana: don Andrea Spada è morto il 1° dicembre del 2004.

Pensieri tratti da don Spada

I migliori genitori avvertono che c'è troppa fluidità attorno ai loro focolari, s'avvedono che gioie e dolori scivolano via presto dai ricordi dei loro figlioli, senza lasciare tracce profonde.
I figli dimenticano... è la quotidiana lamentela. Si è infatti assai lontani dai tempi in cui una parola sacra restava per delle generazioni a fiorire e a fruttificare nella coscienza; l'assillo del presente e la smania dell'avvenire lascian così poco spazio nello spirito moderno alla tranquilla luce dei ricordi e delle tradizioni.
Eppure, perché lasciar cancellare tutta la strada che abbiamo percorso? Sarà giusto che dietro alla nave di una famiglia la scia si chiuda come un segno effimero, come se la famiglia non fosse mai esistita, non avesse camminato, lavorato, pregato, sofferto?
Occorre dunque fissare e tramandare i ricordi più sacri, le cronache del piccolo e grande mondo familiare.
Voi avrete così ancorato lo spirito della vostra famiglia al vostro ricordo e realizzerete uno dei sogni più naturali anche se meno esaltati dal cuore umano: vivere eternamente nella propria famiglia.
Pensiamo che nessuna mano meglio di quella rugosa, ha diritto di tracciare le norme genuine della vita.

(A.S. 24 febbraio 1940)

E' vero forse che nessun giovane sa cosa significhi essere giovane. Dopo sì, quando le stagioni si inoltrano, vengono in mente con un fascino diverso ma più tenace, più fissato nell'animo le prime bellissime lotte, gli entusiasmi del primo mattino, quando tutto è slancio e generosità, quando si cammina nell'idea senza curarci di ombre, perché il mondo vero è tutto e solo sopra e dentro di noi.
Gli anni in cui la vita non è ancora riuscita a prenderci nulla, gli anni nei quali ognuno di noi ricomincia davvero in se stesso il senso dei primi passi.
Un'idea deve sempre sapere come è nata: nelle grandi battaglie, se è necessario tener un occhio al termine della strada, non è nemmeno necessario aver l'altro posato saggiamente sull'inizio della lotta. Quante cose, anche nelle organizzazioni, si perdono fatalmente per strada: le idee sentono qualche volta la lunghezza del cammino.
Si diventa in realtà vecchi nella vita perché si cessa di vivere, di parlare, di ragionare, di tenere il passo con i giovani.

(A. S. 14 maggio 1949)

Questa terra ha bisogno più di amore che di critiche, più di coraggio che di riflessioni.
Siamo in presenza di una diseducazione insinuante, continua, senza scrupoli; una deformazione dei valori sostanziali della vita sotto il pretesto della libertà di informazione; una vera ossessione di ciò che fa colpo, per cui la virtù è noiosa e senza interesse, mentre il male, esso solo riesce vivo, eccitante, degno di occupare le

pagine dei giornali, le copertine dei romanzi, le ombre degli schermi.
La famiglia è scossa ogni giorno nei suoi cardini? E chi se ne preoccupa? Padre e madre, salvo che non facciano un clamoroso divorzio, o non si sparino, o non vincano milioni al totocalcio, o non cerchino un bambino rapito, non interessano a nessuno. I teddy-bois, i piccoli delinquenti, magari allarmano lì per lì, ma nessuno va poi con coraggio alle radici del male, nessuno analizza con impegno le cause morali dello sfacelo della famiglia, e un'onda di pigrizia e di tolleranza si stende sulle loro "marachelle", sullo sfacelo delle famiglie. L'obbedienza dei figli è conformismo fuori tempo e vecchia favola deamicisiana. L'autorità irrita soltanto. Non solo, ma molto spesso, nei romanzi e sugli schermi (e teleschermi) padre e madre sono regolarmente destinati al ruolo di rimbambiti.
Romanzi, schermi, stampa fabbricano in continuazione saggi e miraggi e desideri, e alimentano le passioni con una ossessione che solo questi lenti veleni riescono a inoculare in modo così vasto. Una visione della vita deformata, febbrile, eccitata, viene scodellata ogni giorno sulla società. Non c'è più angolo di un paese che si sottragga a questa morbosa febbre di fantasia; grazie ai mezzi moderni di diffusione e alla seduzione della stampa e delle immagini, tutto viene influenzato e fa opinione pubblica e, purtroppo, costume.

(A.S. 15 maggio 1960)

I bambini confessano la psicologia dei grandi, bevono l'aria in cui respirano, preparano istintivamente i gusti e le mentalità di domani. Un primo evidente rilievo è che, se il boom economico ha dato alla testa ai grandi, sta montando in modo preoccupante anche le testoline dei bambini. Si rendono conto, questi bambini, che il danaro costa ancora fatica e sudore, che deve costare ancora fatica e sudore, che deve costarlo, se è danaro sano, se è onesto, se vale qualcosa di nostro? O cominciano già a farsi l'idea che il danaro va sempre bene, basta che piova da qualche parte e che, se non lo si trova nella busta paga, lo si deve trovare altrove, non importa come, poiché le esigenze della vita sono ormai infinite, e ci sentiamo infelici se non possiamo avere questo o quell'altro, insomma tutto quello che ci fa voglia?

Sanno, questi bambini, che c'è ancora mezzo mondo che patisce la fame, e che questo mondo è vicino a loro, anche senza andare in Africa? I bambini non bisogna rattristarli, d'accordo, non bisogna turbare il mondo roseo dei loro sogni, ma occorre anche educarli a tenere i loro piedini in terra, a sapere per tempo che, nella vita, ci sono anche le ombre, il pianto, la povertà, la sfortuna. Solo questo può rendere buono e generoso il loro cuore, poiché solo così si evitano gli choc di domani, dosando piano piano e, si capisce, con delicatezza, il senso della realtà della vita.

Per caso, questi bambini non riflettono tutta la incontentabilità dei grandi? La voracità psicologica del nostro tempo che non si accontenta più di niente, che non sa più divertirsi con semplicità, con la gioia delle piccole cose? Di questa nostra gente d'oggi che ascolta gli altri cantare, che non sorride più, che scambia per divertimento la febbre? Non stanno, i bambini, debordando, proprio come capita ai grandi che non ammettono più limiti? Perdere il senso della misura, è sempre un brutto segno.

(A.S. 14 dicembre 1963)

Raramente gli uomini avrebbero occasione come oggi di persuadersi che non c'è vita pubblica vera, se non ha alla radice una profonda vita familiare, e che non si comanda seriamente agli altri se prima non si obbedisce, poiché il vero atto di comando resta sempre un atto di intima obbedienza. Non si costruisce niente di solido fuori – oggi ne abbiamo prove scottanti – se non si parte saldamente dalle quattro mura domestiche. Nessuno può illudersi di sostituire la famiglia...

Ma l'offensiva accanita dei nostri tempi, cinema, letteratura, politica, contro la famiglia tende invece a far credere che la causa sia, in definitiva, un posto che può venir surrogato. Si ha l'aria di credere che non sia più vero, oggi, che un popolo, come un individuo, nasce o muore, prospera o declina a secondo che declina o prospera la sanità del suo ambiente familiare.

L'offensiva è già purtroppo molto avanti. Il quadro della vita familiare è grave anche in Italia. Matrimoni che si sfasciano sempre più numerosi addirittura nel giro di pochi mesi, figli che tutto sognano meno che di obbedire, genitori rassegnati al progressivo sgretolamento della loro famiglia. Hanno più occhi per quel che succede fuori di casa che non per ciò che avviene attorno al loro focolare.

Drammatizziamo troppo? Ma è una verità che sta sotto gli occhi di tutti. Non si drammatizza affatto quando si denuncia il gelo che cala su troppe case. Case moderne, bellissime nell'architettura, lucide e gaie all'esterno, ma gelate nei rapporti familiari affidati a un amore che si spegne con lo spegnersi dei sensi. I focolari sono scomparsi e non solo materialmente dalle case moderne, se ne sono andati anche come simbolo.
Sarebbe utile poter fare una statistica delle famiglie che vengono ogni giorno distrutte da questo demone dell'interesse e fare un elenco delle liti, degli egoismi, delle questioni che dividono la famiglia moderna, nella atmosfera di ingordigia che si accompagna sovente al progresso economico.

(A.S. 9 gennaio 1966)

Il modo con cui si intendeva il dialogo ieri è purtroppo diverso da come si usa questa parola oggi da parte di molti che l'hanno fatto una specie di emblema di opposizione al passato, o quanto meno di superamento.
Fino a ieri era fuori discussione che dialogare sul terreno delle idee era lecito e doveroso ma alla condizione precisa e ovvia che ciò non significasse rinunciare alla propria testa, ai propri princìpi per ragionare con la testa degli altri. Oggi, è stato giustamente notato che "per molti, purtroppo, dialogo significa accettare come una necessità storica inevitabile le posizioni ideologiche altrui. Si rinuncia al diritto, al rischio, alla libertà di essere se stessi e ci si mimetizza nelle posizioni dell'avversario".

Obiettano che non si tratta di mimetizzarsi, ma di accettare soltanto il linguaggio dell'avversario, perché non si può ovviamente dialogare con gli altri se non ci si capisce sui termini, se si resta fuori dal linguaggio d'oggi. Ma la realtà è che, sotto il linguaggio avanzano le idee, e non si è più a metà del ponte, ma un giorno ci si trova senza accorgersi sull'altra sponda che non è più la propria. Succede che si finisce col ridurre praticamente il dialogo a una pura e semplice contestazione delle cose di casa propria, persuasi che solo fuori dalla propria casa si ragiona bene, soltanto là si è moderni, liberi, coraggiosi e intelligenti. In casa propria tutto è vecchio, retrivo, incomprensibile.
Fuori si respira, dentro si soffoca; fuori c'è la libertà, dentro tutto è coercizione, autoritarismo, limitazione della propria personalità. Si è maturi solo quando si è soli e lasciati a se stessi sulla strada; fin che si resta in casa si è bambini. E, per i giovani d'oggi, non si è giovani se non si rompe con il passato.
Bisogna – dicono – demitizzare tutto, non importa che poi si creino altri miti, essere anticonformisti anche se ciò si riduce all'atto pratico col crearsi nuovi conformismi.
E, tornando al dialogo, si accetta magari la contraddizione di rifiutare la fiducia a se stessi e al proprio ambiente, per elargirla soltanto agli altri; si è intransigenti e nervosi e ostili con le persone di casa (intendiamo per casa la propria comunità, la Chiesa, oltre alla famiglia e alla scuola), quanto si è festosamente ingenui e incantati nell'accettare teorie e slogan degli altri. Spesso questi "dialoganti" d'oggi sono i temperamen-

ti più freddamente chiusi e incapaci di sentir ragioni che si siano mai visti; dialogano a senso unico, dimenticando che la prima condizione di un vero dialogo è la disponibilità serena e circolare dell'animo e l'assenza di fanatismo.

Ma, tant'è, il mondo non cambia e ogni generazione ripete le sue esperienze. Quella del "dialogo" è definita nuova, i giovani sono persuasi d'averlo scoperto loro, come se i giovani di venti, trent'anni fa fossero stati dei sordomuti...

Di positivo c'è che non vi è ombra di cattiva fede in questi giovani e ci sono anzi entusiasmo e amore sorprendenti alle idee, una reazione al materialismo imperante nella nostra società del benessere che non può non essere importante e ricco di speranze, dato che si verifica nelle nuove generazioni. Ma occorre che anche questi giovani vengano salvati per tempo dall'eccessivo rischio a cui stanno esponendosi con un dialogo spesso sventato e inconcludente, come quello in cui si buttano.

(A.S. 24 marzo 1968)

Non c'è bisogno che diciamo che il nostro dissenso con le idee degli extraparlamentari è netto. Ma perché non riconoscere che la loro lotta sbagliata ha anche un suo risvolto che va meditato? Non c'è occasione che loro perdano, si inseriscono dappertutto, discutono, bombardano la città di ciclostilati e di manifesti, si appassionano, si arrabbiano, lottano, sembrano non avere né paura né risparmio di tempo e di energie. Anche se probabilmente ricevono mezzi, è altrettanto evidente che pagano anche in proprio. Durante gli scioperi, mentre la gran parte degli scioperanti si concede una gita, un diporto, o sta al bar, loro stanno fuori ore e ore in strada a discutere, a gridare i loro slogans, a incolonnarsi dietro alle loro bandiere, a fare i loro cortei, magari tra l'indifferenza completa della gente che non ci fa più caso. Una passione, bisogna dirlo, e anche una capacità di sacrificio che, se fosse impiegata per costruire pazientemente e migliorare la società, anziché demolirla con quella generalità e quel massimalismo rivoluzionario che agita i loro slogans, rappresenterebbe un valore enorme…

Adesso c'è il pluralismo, inteso come qualunquismo, non bisogna contrariare quelli che la pensano diversamente, sono da far tramontare definitivamente le crociate, con tutto ciò che sa anche lontanamente di imposizione o anche solo di influenza sulle coscienze. E così ce ne stiamo ognuno a casa propria, pronti poi a meravigliarci se questi giovani che gridano slogans sulle strade non sono per niente pluralisti, se per la loro idea si battono accanitamente, se sventolano bandiere, se stendono ciclostilati, se ricorrono anche alla violenza per imporre ai loro compagni di scuola o di fabbrica quello che vogliono. Passeranno anche loro? La società dei consumi è una spugna lenta e fatale.

Ma è anche probabile che la storia di domani rifletta sul fatto di una gioventù che, nel bene come nel male, ha sempre bisogno di idee, di ideali che chiedano molto, che impegnino anche il sacrificio personale. Vorremmo concludere questa nota con una domanda scomoda: se questi giovani si buttano sull'idea di distruzione non è fors'anche perché sono venuti meno o si sono attenuati gli ideali umani e cristiani di costruzione della società, perché c'è molto sonno, molto disarmo di idealità, perché stanno scomparendo le coraggiose battaglie di ieri per l'avvenire di una società cristiana? Sbrigar via i fenomeni negativi con una semplice condanna è un modo facile, non certo intelligente di porsi i problemi del proprio tempo e delle sue prospettive.

(A.S. 12 dicembre 1974)

Non sembra affatto un dramma pensare a quello che significano le case vuote, le famiglie ridotte a un bambino solo... Il bambino solo rischia di rattrappirsi nella solitudine, nell'individualismo. Dall'individualismo all'egoismo il passo sarà breve. E' nella casa che si impara presto a spartire con i fratelli gioie e dolori e speranze e, perché no, anche gli inevitabili contrasti, gli spigoli, i conflitti di carattere. E' nella casa, in quel "prossimo" ravvicinatissimo, che uno impara ad allargare i propri sentimenti. Insomma non ci sarà via di scampo al fenomeno, se padri e madri non sapranno riflettere su quello che succederà nelle case computerizzate sul figlio unico, per loro stessi, per lo loro felicità legata così fragilmente al filo di un unico figlio...
Stiamo tirando le conseguenze anzitutto del divorzio, con tante case in sfacelo, la disperazione delle famiglie sempre più costruite sulla sabbia, il crollo della capacità di sacrificio, l'amore che è diventato contratto di affitto, patto a termine, un pezzo di carta che si straccia alla prima difficoltà, i figli che diventano un ingombro, ecc.

E poi l'aborto. La vita è buttata via, soppressa, uccisa sul nascere, per il calcolo egoistico del padre o della madre. I contraccettivi, il piccolo calcolo meschino al posto del grande progetto di Dio, il computer al posto della Provvidenza, il non capire che la vita è più grande del vivente. E' la prima causa, che dovrebbe essere il primo discorso, e che è invece, nel miglior dei casi, l'ultimo, ma quasi sempre quello che non si fa affatto.
Le due altre cause, infine. La donna, ex regina della casa, è oggi ormai una regina in esilio. E' fuori casa per lavoro, nelle fabbriche e negli uffici dalla mattina alla sera. Il lavoro in casa è intanto sbeffeggiato, declassato. I figli stanno bene dalla nonna, all'asilo, con la baby sitter. Si ritiene che possano tranquillamente crescere senza mamma.
E altra causa: i giovani sposi che rimandano il tempo dei figli a quando avranno risolto i problemi della casa e del lavoro. Purtroppo c'è, e spesso drammatico, il problema della casa. Ma talora non si tratta anche solo delle comodità, dei mobili più belli, degli agi? Tutto sembra talora urgente, meno i figli. Il televisore non può aspettare, un bambino sì.

E' chiaro che i demografi, ma non soltanto loro, continueranno a lanciare i loro allarmi nella sterminata indifferenza di un deserto, se non si riuscirà a fare alla gente un discorso gridato sul monte, serio, di coscienza, per ognuna di quelle tre cause che stanno spopolando le nostre case, il nostro Paese e, più ancora, la vita stessa.

(A.S. 20 novembre 1988)

Chino Pezzoli

Il bulbo della speranza sotto il suolo ingombro

L'adolescente ha in sé
una dimensione intima della vita;
sublima e idealizza ogni suo pensiero
ed eleva ogni sua attesa.
Si pone alcune domande
sul senso del vivere, del soffrire.
Per svegliare la volontà
non esistono ricette, ma scelte impegnative.
Si tratta di educare tutto l'essere
con le regole del dovere, dell'impegno
e dell'esercizio della volontà.
La regola dell'essenzialità serve ai ragazzi
e al loro equilibrio e felicità.
Indicazioni per chi vuol credere nei giovani.

Chino Pezzoli

L'adolescenza è sempre stata un periodo delicato, ad alto rischio. Oggi ancora di più. Qualcuno ha usato l'immagine del paguro che deve cambiar pelle: deve mollare il vecchio guscio, diventato ormai stretto e farsene un altro più resistente, più duro, dunque più protettivo e definitivo. In questo "passaggio" il paguro potrebbe essere calpestato e la sua vita finirebbe. Farà di tutto, naturalmente, per vivere.

Altri hanno parlato di seconda nascita, molto più problematica. Quando si viene al mondo, c'è tutto un ambiente attorno prodigo di attenzioni, di delicatezze, di aiuti, di attese: dei primi sorrisi, delle prime parole, dei primi dentini, dei primi passi.

Con gli adolescenti, invece, confrontati con la loro seconda nascita, si è subito impazienti. Si vorrebbe che i ragazzi fossero in grado di esprimersi al meglio, efficienti e concreti, come i modelli oggi in voga esigono. Non c'è tempo da perdere. Gli adolescenti respirano quest'aria, colgono le sollecitazioni e le inadeguatezze, avvertono le loro fragilità e molto spesso entrano in crisi, finiscono per impantanarsi in terreni che pensavano solidi e invece franano, dall'alcol alla droga, per dire di due estremi camuffati da piacere, pericolose miscele distruttive, come le cronache puntualmente ci documentano.

Concludiamo questo viaggio attorno alle nuove, difficili, delicate adolescenze con lui, don Chino Pezzoli, uno che da 25 anni si sfianca per riportare su strade sicure generazioni che hanno sbandato e vogliono ritrovare la vita. Don Chino non si arrende ai filosofi della rassegnazione e del pessimismo: è convinto della straordinarietà di un dono grande come la vita e continua a scommettere tenace e indomito sulla bellezza della vita con i suoi stupori, le sue meraviglie, gli incontri, le delusioni ma prima di tutto le gioie, le speranze. Tenendo saldo il volante della sua smisurata corriera, davanti alle file dei suoi 530 giovani sull'itinerario del recupero, don Chino sembra ricaricarsi di energie, di forza di volontà, di resistenza. Io che lo conosco da una vita per il suo stile feriale e senza effervescenze, solido come la terra della sua e mia Valle Seriana, granitico nelle certezze che contano, ho scoperto dove ha trovato il suo "pozzo di San Patrizio". Lì c'è un'acqua miracolosa, che si chiama "avventura dell'educazione". Chi ne beve, può stare sicuro di arrivare alla meta. Queste che seguono sono le sue preziose "avvertenze". Attenzione, vanno lette bene per evitare ogni e qualsiasi malinteso. Precauzioni consigliate: poche, decisive virtù, come credere nella meta, voglia di lavorare, essenzialità di fondo. All'arrivo, sotto lo striscione, c'è ad attendere la dignità. Ed è festa.

Gli alambicchi degli specialisti

Don Chino, che cosa è cambiato e che cosa si è aggravato nell'essere adolescenti oggi?

L'adolescenza è una fase necessaria della vita, un passaggio obbligato per diventare adulti. Chi non vive quest'età, resta privo dell'immagine di sé, che gli servirà come investimento sulla personalità. Si diventa adulti e maturi difendendo la propria autostima. Un narcisismo normale non va quindi demonizzato, anzi fa parte delle difese adolescenziali per crescere. Il bambino si serve dei capricci e conflitti per confrontarsi e farsi valere di fronte agli adulti, l'adolescente del culto dell'immagine. Il rischio consiste nel lasciare solo l'adolescente o sfidarlo con contrapposizioni generazionali. In passato esisteva un educatore: la società o ambiente umano che proteggeva e ridimensionava il culto dell'immagine. Oggi il contesto sociale manca e molti adulti sono rimasti adolescenti e competono in modo buffo con i ragazzi. L'ambiente poi in cui vivono gli adolescenti è infettato dall'individualismo.

Chi e come deve trasmettere sicurezze agli adolescenti? La famiglia non è al top della forma, la scuola si chiama fuori, la comunità è rarefatta e voi in genere arrivate come i pompieri…
Mi piace il termine pompieri, anche se noi esperti in incedi umani rischiamo di arrivare quando il fuoco delle devianze ha distrutto tutto. Sono sempre più convinto che la nostra società abbia bisogno d'educatori, di adulti preparati ad accompagnare gli adolescenti verso la maturità. Prolificano le diverse professioni, scarseggia la figura dell'educatore nella famiglia, nella scuola, nei luoghi d'aggregazione giovanile. L'educatore è paragonabile all'artista che sa adoperare bene le sue competenze, certezze e doti per far emergere le risorse presenti nell'adolescente. Non plasma nessuno ma solo aiuta il ragazzo ad esplicare le sue potenzialità. È necessario che ci chiediamo: chi vuol essere educatore? C'è un'indifferenza diffusa tra gli adulti. Gli adolescenti interessano

solamente nei dibattiti televisivi, dove il frullato di parole non manca e il ricettario viene compilato da qualche professionista di turno. Scusatemi, ma io rimango un tifoso della famiglia. Se il padre e la madre sanno tutto, persino sono esperti di diete, di calcio, di divertimento ed altro: perché non sono competenti nell'arte dell'educare? Non la ritengono importante o non conta niente?

Quali sono i messaggi, i valori da introiettare negli adolescenti?

L'adolescente va guidato a formare in sé una coscienza vera e retta attraverso un costante confronto sui problemi dibattuti. Egli spesso tende a non fare distinzione tra il bene e il male, giustificando ogni scelta in nome della libertà. Il più delle volte, in questo tentativo di giustificare una forma di relativismo morale, si nasconde il desiderio di andare contro tutti per apparire e far valere una certa autonomia e diversità. Il pericolo sta proprio nel sottovalutare certe affermazioni e prese di posizione. Il confronto è sempre necessario. I messaggi e i valori da proporre all'adolescente sono quelli che corrispondono ai suoi bisogni. L'adolescente ha in sé una dimensione intima della vita; sublima e idealizza ogni suo pensiero ed eleva ogni sua attesa. Si pone alcune domande sul senso del vivere, della sofferenza delle ingiustizie. Soprattutto non gli basta il presente, in quanto ha in sé una forte spinta verso il futuro che ritiene senza limiti. Sente il bisogno di essere valorizzato e utile per qualcuno. Cerca un suo

Dio che non corrisponde più al Dio dell'iniziazione cristiana. Il Dio dell'infanzia non basta più alle sue esigenze interiori. Una domanda è d'obbligo: siamo preparati a trasmettere all'adolescente una fede attiva, fatta d'esperienze forti, coinvolgenti? Così pure: valorizziamo la sua potenzialità affettiva che si esprime attraverso i sentimenti dell'appartenenza e del dono? Gli adolescenti cercano gli amici, fanno gruppo e sono generosi tra loro.

La sindrome del fagiolo

Male comune delle ultime generazioni: si tende a progettare poco e soprattutto a sottovalutare la fatica e lo sforzo come fornitori di felicità...

Per svegliare la volontà non esistono ricette, ma scelte impegnative. Noi, che intendiamo recuperare all'equilibrio e alla felicità i tossicodipendenti, organizziamo dei "cantieri" di vita, delle vere e proprie comunità di fatica. Non si pensi solo alla fatica fisica, al lavoro. Quando si parla di fatica, tutte le nostre facoltà sono impegnate. È nell'attività psico-somatica che il corpo e la mente sono impegnati a percepire, conoscere, trasformare la realtà. Si tratta quindi di educare tutto l'essere con le regole del dovere, dell'impegno e dell'esercizio della volontà. Noi che siamo cresciuti in famiglie numerose e povere e lasciati spesso nelle piccole difficoltà e disagi, abbiamo acquisito le sufficienti difese psichiche o anticorpi dell'anima. Anche quel dover meritare l'affetto, l'abbraccio, il premio, ci è servito a superare la "sindrome del fagiolo", presente in chi ha sempre bisogno di un bastone di sostegno. La fatica porta alla gioia, l'abulia al piacere.

La fissazione del tutto e subito e senza fatica è qualcosa che lascia l'anima molto vuota e sguarnita.
La regola dell'essenziale serve agli adolescenti e al loro equilibrio e felicità. Se l'avere domina la loro mente, significa che il valore della vita sta fuori di loro e che l'essenzialità sta nei numerosi "fagotti" ingombranti e nei diversi fronzoli utili solo ad apparire. Le cose dovrebbero essere utili, necessarie a far crescere gli adolescenti e non viceversa. La stessa famiglia si agita per dare tutto ai figli e sempre di più. Eppure la scorta di beni, di soldi, non è la risposta alle domande fondamentali della vita, anche perché non appaga i desideri dell'anima. Mi scrive Andrea dal carcere minorile di Milano: "Ho avuto tutto e niente. Mi resta una cella da condividere con altri tre compagni di sventura. Se mi chiedo chi sono, non lo so. Sono cresciuto in una famiglia considerata normale in cui bastava aprissi bocca per avere ogni bendidio. Mi trovo come una canna di bambù, vuota, debole e anche spezzata". Ho conosciuto i genitori di Andrea, brava gente ma senza personalità.

Il branco dei vitelloni
C'è anche il mito del divertimento e della felicità, che sono molto pericolosi: creano un continuo e costante stato di frustrazione, piuttosto rischioso.
I ragazzi e gli adolescenti investono tempo, soldi,

energie per avere momenti di svago, di divertimento. Il divertimento ci vuole. Dove non ci fosse, bisognerebbe inventarlo. Attenti però che non sia organizzato attorno alle sue baldorie, innaffiate dal mosto, immerse in assordanti concerti musicali e coronati dall'immancabile scatenamento dell'irresponsabilità. I giovani sembrano nati per questa "dolce vita" e i genitori si dimostrano lieti di allevare autentici "vitelloni", dipendenti da emozioni forti e da sballi di gruppo. Avanti quindi con le serate in discoteca, nei pub con qualche "spinello" di scorta, per rallegrare le relazioni e improvvisare avventure di pelle e basta. Un modo di vivere ed essere diversi, moderni, rompendo la noia che spesso è di casa. Bisogna farci caso, guardare attorno per accorgersene. Fermarsi ad osservare i ragazzi che ci circondano. Leggere dentro questa euforia eccessiva, quegli sguardi persi. E poi, osservare con più attenzione i loro gesti, ascoltare le loro parole e parolacce, per saperne di più su questa nuova "generation drink". Farci caso quindi, per accorgersi di vivere in un epoca ebbra, in un mondo di frustrati in cui lo sballo abbonda.

Una volta c'erano i cattivi, adesso ci sono i narcisisti. Effetti collaterali di questa cultura del narcisismo.
La nostra cultura è caratterizzata da alcuni elementi: la crisi della coscienza, il disimpegno ideologico, il senso di vuoto interiore e disorientamento, il ripiegamento e la chiusura in se stessi. L'orientamento culturale incide sensibilmente sulla personalità. Sempre gli adolescenti hanno manifestato tratti nar-

cisistici; ossia una tendenza ad ostentare le loro esteriorità e attitudini vere o presunte. Il ricercatore E. Pulcini scrive che il narcisismo moderno, promuove un "io individualista e desiderante, ancorato al presente e privo di progettualità, apatico ed antropico, incapace di relazionare e di un reale confronto con l'altro, estraneo alla vita pubblica, seppur disponibile ad aderire ai gruppi chiusi, clan, sette religiose o ideologiche". Gli adolescenti con un narcisismo accentuato giocano più ruoli, hanno la possibilità di apparire con diversi atteggiamenti senza stabilire limiti e confini. Ciò può avere importanti ripercussioni su di loro: creare insicurezza, vuoti d'identità, discontinuità nelle scelte, qualunquismo e irresponsabilità. Occorre tenere sotto controllo le cause che determinano stili di vita discontinui e far aderire i ragazzi a forme di vita familiare, comunitarie, per un confronto costante che impedisca l'ostentazione del personaggio, del bullo.

Le vitamine più importanti

Che cosa significa autonomia: crescere un figlio è il fondamento dell'educare...

È stato chiesto al cardinale Esilio Tonini, quali fossero le vitamine necessarie per far crescere i ragazzi e i giovani interiormente. Dopo un momento di silenzio, quel piccolo prete divenuto cardinale, un uomo che dà alle parole senso profondo e vissuto, disse: "Le vitamine della crescita interiore sono i valori: la spontaneità, l'autonomia, il rispetto, la rimozione dell'artificio, della finzione. E poi il rapporto con

Dio, molto sereno e semplice, la purezza della coscienza, il dovere compiuto per amore di Dio". Poche parole, che dimostrano una vita solida, forte che non ha bisogno di dipendere da qualcosa o qualcuno. L'autonomia poi permette al ragazzo di raggiungere l'auto-realizzazione. Si tratta di un impegno personale che consente all'adolescente di essere se stesso, acquisendo una serie di potenzialità concrete nello sviluppo di doti, qualità umane, morali, operative e professionali. L'autonomia gli permette di progettare il suo futuro, di saper decidere e reagire di fronte agli insuccessi. Di solito, i ragazzi con una buona autonomia vivono accanto a persone adulte autonome, sicure, non a piagnistei che si lasciano crollare addosso il mondo. I rami hanno la consistenza e le qualità del tronco.

Al fondo di tutto e sempre, il problema è capire. C'è una generalizzata tendenza a vantarsi dei figli. Molti non riescono a rassegnarsi all'idea di normalità assoluta che un figlio abbia problemi.

I problemi fanno parte della normalità e chi non ne ha è un bamboccio che vive sotto il pero. E di questi campioni senza valore ce ne sono tanti, tantissimi. I tifosi di questi smidollati sono soprattutto i genitori che immaginano sempre un super figlio. Un allenatore di un vivaio calcistico mi confidava che i papà quando portano il loro bebè agli allenamenti hanno attese strepitose. Anche se su cento allievi solo uno viene promosso in serie A, quell'uno, non può che essere il proprio figlio. I genitori "gasano" i figli in

mille modi, li ritengono belli, forti, simpatici, primi in tutto. E i loro problemi? Non li vedono o meglio non vogliono vederli.
Nemmeno se il figlio adolescente si droga è un problema, un disagio da affrontare responsabilmente. Si tratta di un incidente casuale, di un gioco tra amici. L'idea che un figlio abbia alcuni problemi e che sia normale che in una età evolutiva ci siano, non passa loro nemmeno per l'anticamera del cervello. La responsabilità, infatti, è soprattutto una risposta affettiva, attenta e rispettosa che non ci può essere in quei genitori superficiali, con l'immaginetta del figlio da mostrare ovunque.

Gli apprendisti del niente

Vediamo giovani che ciondolano, apprendisti del niente. Adolescenze lunghe. Dietro l'angolo che cosa ci attende?

È vero, un esercito di "molluschi" e uno stuolo di "bradipi", gironzolano per le strade, si accalcano nei bar e nelle discoteche, corpo stravaccato su sedie o poltrone, gambe penzoloni. Pensionati? No, sono adolescenti e giovani che pippano, che sbadigliano, che ciarlano di musica, di sesso, o di divertimento. Sembrano nati stanchi o, meglio, educati alla stanchezza. Per molti di loro lo studio non serve e il lavoro un dovere da adempiere il più tardi possibile. Gli impegni e le responsabilità vengono generosamente regalati agli altri, mentre loro abilmente scaricano in famiglia, polemiche, critiche e lamenti. Che fare? Occorre ricominciare da capo e creare

conflitti con i ragazzi dando vita a situazioni dinamico-relazionali ricche di scontri aperti e costruttivi per costruire motivazioni su cui amarsi e odiarsi. Anche l'odio, se è aperto all'amore rende forti, inflessibili, tetragoni. Francesco Alberoni sintetizza questa terapia in alcune proposte proposte: "Ricominciare ad abituare i nostri figli a combattere la dura lotta della vita, all'autocontrollo del proprio corpo, al senso del dovere a porsi delle mete e a perseguirle con tenacia. A rinunciare a dilazionare il desiderio, ad affrontare gli ostacoli, a provare e riprovare stringendo i denti".
Vorrei pure aggiungere che i figli imparino a soffrire. Dietro all'angolo ci attende un progetto educativo e tanti, tantissimi adulti disponibili ad essere guide sagge, autorevoli e prudenti.

Molti ragazzi d'oggi vivono, provano, interpretano purtroppo un diffuso senso di scacco, di non contare niente.
La stima per gli adolescenti non può consistere in un autocompiacimento narcisistico. L'autostima o valutazione di sé i ragazzi la ricevono dagli adulti che sanno la giusta importanza a che fanno o tentano di realizzare. È vero che il valore della vita risiede nell'essere, nei valori personali, interiori, tuttavia non possiamo considerare il valore di un ragazzo in modo statico, quasi che la sua identità sia imbalsamata, fissata in canoni stereotipi. L'io dei ragazzi soprattutto, è dinamico, creativo, esprime il suo valore attraverso azioni, iniziative, desideri ed altro.

Guai se valutiamo un adolescente solo con diagnosi professionali, sparate addosso dagli specialisti della psiche.
Il ragazzo è potenzialità, passaggio veloce da forme mentali a forme reali. Solo se lo osserviamo nelle sue molteplici attitudini, può ricevere riconoscimenti, stima per i risultati ottenuti. Lasciamo quindi che butti fuori tutte le sue risorse e non facciamogli mai mancare i necessari complimenti. Tutti siamo a caccia di stima: negli adolescenti questo bisogno non può essere soffocato o esagerato; va piuttosto compensato nel giusto modo. Gli sbagli che i ragazzi commettono non annullano i loro valori: richiamiamoli, correggiamoli ma non identifichiamo l'errore con l'errante.

Un pericoloso pendolo

Adolescenti e sazietà. Stiamo andando – dicono molti rilevatori sociali – verso una società depressa. È vero?
La depressione: lenta agonia, solitudine desolante, svogliatezza infinita, tedio mortale... e le affermazioni potrebbero continuare all'infinito. La chiamano anche malinconia. È una sofferenza vera, forte. Ho incontrato ragazzi e giovani che presentavano vari sintomi e gradi di depressione. Mi sono sentito impotente, non potevo far nulla o quasi nulla per essi. In passato si parlava di angoscia come sentimento negativo provocato da un confronto ostile, da una sofferenza o difficoltà.
Negli ultimi decenni, però, il tema dell'angoscia ha lasciato il posto alla depressione. I due disturbi sono

completamente diversi, anche se spesso vengono confusi. Nell'angoscia si mantiene una certa affermazione di sé e permane nel soggetto qualcosa di speranza. Nella depressione, invece, si ha il crollo totale fino alla disperazione. Le crisi depressive si presentano già nell'adolescenza, anche se erroneamente non vengono ritenute gravi, ma solo passeggere, connesse all'età evolutiva. Una valutazione superficiale che potrebbe allontanare da quell'attenzione necessaria e incorrere in rischi assai gravi. I sintomi che si manifestano sono diversi. La sfera dei pensieri si riduce a un monologo interiore: tutte le valutazioni e considerazioni tendono ad esaurirsi attraverso schemi ossessivi. Così i vissuti e le esperienze presenti rischiano di essere elaborati in chiave pessimistica, fallimentare e le possibilità future escluse. È un modo di pensare illogico, spesso perfezionista. Il comportamento è caratterizzato da reazioni evidenti: pianti, lamenti, scarsa partecipazione sociale, rifiuto dei desideri, carenza di sentimenti, apatia, demotivazione. Se si verificassero questi sintomi, il genitore porti il figlio da uno psicologo.

Purtroppo sono in aumento gli adolescenti depressi: dobbiamo prevenire questo "male oscuro". Tra le ricette preventive ricordo ai genitori che i ragazzi devono essere: in forma fisicamente, passare le giornate attive e ricche di risultati, vivere in ambienti sereni, evitare la lettura catastrofica degli eventi, incrementare le piacevoli fantasie, esercitare un buon auto-controllo, promuovere relazioni e confronti con gli altri, attendere all'autovalutazione.

Che cosa riesce ancora a stupire o potrebbe comunque stupire un ragazzo, un adolescente, coinvolgendolo in positivo e motivandolo al bene, a un'idea di impegno, di assunzione di responsabilità, di senso del dovere?
L'adolescente può ancora stupirsi. Lo stupore appartiene al pianeta giovanile alla ricerca del bello, del vero. Di tutto ciò che accade nei loro incontri. Penso all'amicizia, quella bellissima avventura che permette loro di firmare il cuore dell'altro e di ricevere lo stesso autografo. Come pure, è motivo di meraviglia, spronarli ad essere utili agli altri con gesti di altruismo, di solidarietà, di attenzione alla sofferenza. Cerchiamo anche di entusiasmare i ragazzi per lo studio così che non ci sia bisogno di una sorta di baliaggio scolastico. L'amore per il sapere risveglia la mente, apre agli interessi, allarga i confini. Il rischio è di chiudere i ragazzi in "gabbie d'oro" dove cinguettano sempre allo stesso modo. La conoscenza apre a nuovi incontri, a spazi planetari ed esperienze costruttive. Dalla responsabilità poi nasce il senso del dovere che consiste nell'adesione concreta alle scelte e azioni, senza dover esercitare coercizioni, ricorrere a urli, rimproveri e castighi che, il più delle volte, rimangono "flatus vocis", un'emissione di suoni. La fiducia in questo risveglio giovanile deve essere piena e sostenuta dall'entusiasmo dell'adulto. Quell'entusiasmo che riscontriamo negli stadi per stimolare gli atleti alla vittoria. I nostri adolescenti scendono nel campo della vita spesso da soli e, i loro tifosi, padri e madri, sono presenti in altri stadi e tifano per i loro campioni abilissimi nelle discoteche,

nell'emulazione di piccoli e grandi fratelli e loro performances anche sessuali, esibite come trofei, campioni nel divertimento frastornante, nel diventare famosi, anche senza rifugiarsi nell'isola. I nostri ragazzi sanno ancora stupirsi per la verità e per le cose che contano, mentre troppi adulti rincorrono le illusioni e le velleità.

Seduti sulla polveriera globale

Si ripete che gli adolescenti d'oggi "si preoccupano della loro sicurezza in una fase della vita in cui, almeno in base al giudizio tradizionale, dovrebbero essere spensierati". Colpa, spesso, delle notizie dei troppi disastri che avvengono. Quanto pesa la comunicazione globale negativa sulla formazione degli adolescenti?

I nostri ragazzi sono intelligenti, ma fragili interiormente, privi di punti di riferimento e di sicurezze. Qualcuno ha scritto che la nostra società è infettata da un altro subdolo "virus aviario", quello della frammentazione interiore. Una specie di aids dell'anima per il quale non si conoscono ancora l'incubazione, la cura, il vaccino. O meglio, si conoscono molte cose ma non ce ne serviamo. Una personalità frammentata è confusa, incoerente, insoddisfatta. Vive delle sole pulsioni del momento e "macina" unicamente passioni, sensazioni totalizzanti, ansie incontrollabili. L'adolescente soffre di tale disturbo di personalità. Le cause sono come le ciliegie, una tira l'altra. Ci rendiamo conto però che noi abbiamo rubato agli adolescenti l'ottimismo, la visione di un futuro bello e possibile. La ruggine del pessimismo che ha raggiunto gli adulti ha roso anche i giovani che si presentano insicuri nelle scelte, dubbiosi dei nostri modelli di vita, ma soprattutto amareggiati da uno scenario mondiale violento che calpesta i diritti umani. I telegiornali e le notizie di cronaca violente che ogni giorno entrano nelle nostre case buttano nella mente dei giovanissimi un'ombra di morte. Troppo facile e semplicistico ripiegare sull'espediente di Roberto Benigni, nel film "La vita è bella", dove il padre risparmia il suo bambino dalle atrocità del campo di sterminio nazista attraverso un gioco. Tutte le privazioni, le sofferenze del bimbo valevano punti al padre per ricevere in premio un carro armato. La fantasia del bambino si lascia trascinare nel gioco, non il realismo dell'adolescente che di fronte alla violenza e morte rimane scosso e si estrania dalla scena. Ma ne subisce il trauma. Certe immagini di violenza rimangono in lui e possono essere la causa di certe fughe dalla realtà con la droga, l'alcol, lo sballo. Gli adolescenti vanno protetti dall'inquinamento della psiche. Le vie da seguire sono soprattutto due: la prima consiste nel formare nei ragazzi una coscienza critica per vagliare, elaborare le immagini negative; la seconda consiste in alcune esperienze di vita familiare in cui nascono rapporti affettivi autentici. La famiglia è un piccolo mondo sicuro da non perdere, un'isola in cui si può ancora vivere il fascino della normalità, un'oasi che ci stacca, per qualche ora, dal deserto della società. Occhio però, qui non si sta parlando della famiglia del "mulino bianco" e della nutella.

È diventato più difficile "comunicare" con le nuove generazioni? Quali sono i fattori frenanti?
Solamente chi ascolta entra in relazione con gli altri. L'ascolto libera chi ci parla dai diversi stati d'animo: apprensioni, emozioni, sofferenze. Spesso non sappiamo ascoltare i nostri ragazzi perché impegnati nel dire ciò che pensiamo. Il Vangelo sintetizza così questo comportamento: "Hanno le orecchie e non ascoltano". Sordi per scelta. I nostri ragazzi, in famiglia, non raccontano le loro esperienze, non scaricano il pesante fardello delle loro angosce e preoccupazioni, si limitano a chiedere qualcosa o meglio ad esigere tutto. L'ascolto di un giovane richiede tempo e soprattutto disponibilità interiore. L'adulto che ascolta l'adolescente è testimone diretto della verità che emerge gradualmente. Tale disposizione all'ascolto è presente soprattutto nella mamma e dovrebbe diventare di tutti gli adulti. La mamma accoglie tutto, ascolta il figlio, non inorridisce di fronte all'inconfessabile, non rifiuta d'intervenire per correggere, incoraggiare, perdonare. L'ascolto è proprio questo accogliere il giovane nella sua totalità, avendo cura di lui; è amarlo, proteggerlo. Sono sempre più convinto che noi tutti dovremmo imparare l'ascolto ricettivo della sensibilità della donna. Sono le mamme soprattutto che comunicano con i ragazzi e sanno penetrare e scrutare i segreti che gelosamente nascondono. Si va dicendo che i ragazzi sono sempre più introversi, chiusi nel bunker di se stessi. Le cause ci sono, anche se ogni esperto ne trova sempre di nuove. Ne cito una: la mancanza d'interlocutori. In molte fami-

glie la televisione parla a tutti e non ascolta nessuno. Nelle nostre comunità di accoglienza, per i muti e i taciturni, c'è l'obbligo della parola. Un obbligo che dovremmo estendere anche ai genitori perché la famiglia sia quello che è: una comunità d'amore.

Il mercato dei veleni

Adolescenti e droghe. Com'è cambiato e come sta cambiando un rapporto? Dal vostro avamposto di esperienze e di arrivo di giovani con mille storie alle spalle, il disagio numero uno degli adolescenti, qual'è?

La politossicomania è un fenomeno diffuso in Italia che comporta difficoltà diagnostiche e terapeutiche. L'alcol resta uno dei "potenziatori" privilegiati ed il suo impiego è legato all'accettazione culturale della bevanda, alla facilità di reperimento ed agli effetti disinibenti. È il più forte lubrificante sociale. C'è poi da registrare l'esponenziale impennata nei consumi di cocaina con le sue devastazioni psicofisiche. La società sembra avere superato l'emarginazione attraverso norme più elastiche, più tolleranti di convivenza. Il tossicodipendente è così diventato un buon consumatore di mercato che stabilisce i bisogni, impone i costi, promette alle future generazioni, figlie dell'efficientismo e della produttività, la garantita eccitazione del cervello. L'adolescente cerca lo sballo, lo sconvolgimento e ha a disposizione molte sostanze di ogni genere, pasticche con cui stordirsi e sbiellarsi. Con questa disinvoltura di approccio, gli spinelli sono banalizzati e considerati solo "erba", l'ecstasy è una pastiglia ricreativa, la cocaina è la polvere bianca dagli effetti piacevoli, magici e stimolanti, l'eroina equivale a un tranquillante, spesso necessario. Una sostanza vale l'altra e nessuna vale perché spinge la vita ai margini. Si è anche registrata una certa tolleranza permettendo che certi comportamenti trasgressivi e devianti, presenti soprattutto nei giovanissimi, entrassero nella norma. Il giovane tossicodipendente si è sempre più stabilizzato nel contesto sociale, in cui riesce a mimetizzarsi, a condurre una vita apparentemente normale. Studia, ha dei contatti amichevoli, coltiva hobby e riesce persino a praticare uno sport senza che nessuno s'accorga della dipendenza. Ad aggravare poi il tutto e a lasciare gli adolescenti in pericolo, interviene il silenzio dei media: di droga si parla sempre di meno in termini di informazione e di educazione. Poi si fa sensazionalismo quando c'è il caso della personalità famosa che eccede o ci lascia la pelle. Una cronaca a ondate e per titoli urlati. Tutto è vendita, è mercato. E così, la nostra società ha tanti emarginati, specie tra i giovani, quanto se ne merita per indifferenza e ignoranza.

Ci vuole spesso più coraggio per capire che per agire. Da dove ricominciamo?
Da più di 25 anni avvicino papà e mamme con i figli tossicodipendenti e trasgressivi e cerco di capire che cosa non ha funzionato nel rapporto educativo familiare, scolastico, sociale. Vi assicuro che a mettere sulla strada del male i nostri ragazzi e adolescenti, contribuiscono un po' tutti, direttamente o indiret-

tamente. Vorrei suggerire agli adulti responsabili dei percorsi educativi di non sentirsi mai preparati abbastanza in questo compito delicato e importante. L'atteggiamento socratico di "sapere di non sapere", va tenuto presente per essere in grado di accompagnare i ragazzi verso una storia personale in continua evoluzione; una storia che richiede un insieme di certezze interiori da acquisire ed elaborare. Non ho mai classificato i genitori in buoni e cattivi, ma solo capaci di educare e incapaci. Educare è un impegno dei più difficili. Una sfida intelligente, che ha presente un progetto-uomo pensato e proposto. I nostri ragazzi sono bombardati di suoni, di rumori ma scarseggiano di contenuti umani. Da dove incominciare? Mi sembra utile iniziare da una verifica per conoscere la reale situazione dei propri figli, senza paraocchi. Dopo l'inventario umano, si ricorra ai rimedi e alle proposte innovative. Non occorre fare una rivoluzione che l'adolescente giudicherebbe una bolla di sapone. I cambiamenti veri avvengono lentamente attraverso un impianto familiare di regole e di valori che tutti conosciamo. Ciò che di solito manca in noi adulti è la coerenza con i principi, con i valori. Credo che l'incoerenza e il permissivismo, il relativismo del "tutto va bene tanto è lo stesso", pericolosa gramigna che sta prosperando nella società contemporanea, siano segno di una civiltà decadente. Nei periodi di crescita, nei tempi delle "nuove frontiere", quando una civiltà fiorisce in tutta la sua capacità creativa, le regole di comportamento sono severe: la gente non fa quello che vuole, ma quello che deve. È invece nei periodi di decadenza che tutto diventa lecito purché procuri piacere. I nostri ragazzi sono consumatori del piacere e non conoscono la gioia. Imparino dunque ad obbedire: l'obbedienza è sempre una virtù, come il buon esempio di chi comanda.

Nella Babele delle correnti

Le famiglie sono spesso scoraggiate, avvilite, quasi rassegnate. Da dove può venire una parola di speranza che contenga anche qualche elemento di concretezza e di sostegno non astratto?

Lo scoraggiamento non serve, la rassegnazione neanche. Ci vogliono una cura per la "malattia del vivere" e poi un ricostituente. Più delle stesse droghe, a preoccuparci deve essere questa insidiosa mentalità corrente che promuove uno stile di vita disordinato, vuoto, demotivato. Le nostre ricerche per mettere a fuoco i disagi non incideranno sulla cultura che intacca i giovani e li rende sempre più spenti e sofferenti. Qualcuno propone per i giovani: musica, sport, luoghi d'aggregazione, divertimento per occupare la testa di questi viaggiatori solitari. Per favore, mettiamoci in silenzio e cerchiamo di capire che cosa ci chiedono i nostri adolescenti. Stacchiamoci dalle solite strategie che hanno solo il merito di far credere che la prevenzione consista in iniziative per assicurare ai giovani ciò che hanno già provato e consumato. Gli adolescenti soprattutto vanno messi di fronte al proprio mondo interiore con semplicità affinché sentano la forza meravigliosa dell'affettività, dei valori e desideri veri. Devono capire la qualità delle scelte, la gioia dei piccoli risultati. Troppe volte si pretende d'insegnare la vita con le cose, l'attività, i rumori. Tuffata nel consumo di emozioni forti, la mente dei ragazzi s'ammala. Occorre cambiare. Educhiamo i nostri ragazzi a stare con se stessi, ad accettare una sosta, a trovare l'equilibrio. Invitiamoli ad ascoltare le esigenze profonde, gli interrogativi della vita. Non a caso alcuni giovani, in questi ultimi tempi, sono alla ricerca di contenuti forti, di esperienze di volontariato, solidarietà e carità che possono aprirli a motivazioni vere e a scelte concrete di bene. Vogliamo mettere in condizione i nostri ragazzi di uscire dal loro "vuoto" interiore? Le cure più efficaci sono il silenzio, la riflessione, l'ascolto della parola che riconoscono come vera, perché solo da essa escono la luce e la speranza. A chi spetta questo cambiamento del pianeta giovanile? A chi ci crede. Lascio la parola al poeta Mario Luzi: "Occorre una catarsi, una specie di rogo purificatorio del vaniloquio, cui ci siamo abbandonati e del quale ci siamo compiaciuti. Il bulbo della speranza che ora è occultato sotto il suolo ingombro di macerie non muoia, in attesa di fiorire alla prima primavera". Il bulbo della speranza è già presente nei giovani, attende solamente educatori appassionati che lo facciano germogliare.

Chino Pezzoli

Passione educativa

Avvicino da molti anni famiglie diverse.
Osservo spesso come sono “costruite”,
quali sono i comportamenti presenti
nel nucleo familiare. Mi è stato possibile
quindi cogliere alcune dimensioni fondamentali
del modo in cui il genitore esercita
le proprie caratteristiche educative
Ho individuato alcuni modi d’intervenire
sui figli che meritano rilievo, approfondimento,
conoscenza. Nelle famiglie sono presenti
stili educativi opposti.
La coppia impreparata o divisa passa
dal permissivismo alla severità,
lascia ai figli la massima libertà,
disattende alcune regole di comportamento
e quando il figlio trasgredisce,
mette a rischio la sua e altrui vita,
intervenendo con l’autoritarismo.
Non meno pericoloso è il genitore che passa
dal menefreghismo verso il figlio all’ostilità.

Chino Pezzoli

Un cambiamento possibile è presente nel passaggio dalla seconda infanzia all'adolescenza. Il bambino gode d'eccessive premure, mentre l'adolescente, d'esagerate ostilità, aggressività. Vi sono poi genitori preparati e con un'ottima chiarezza comunicativa, sanno spiegare e motivare al figlio le loro scelte educative; attendono dal figlio comportamenti responsabili, maturi. Accanto a quest'ultimi ci sono alcuni genitori che considerano il figlio un incapace, da sostituire in tutto. Emergono pertanto quattro stili educativi da tenere sempre presente, uno che funziona e gli altri no. Per non correre il rischio di una presenza negativa che comprometta l'evoluzione, l'affermazione delle qualità umane e spirituali del ragazzo prima e del giovane poi, è necessario soffermarci su questi stili negativi. Vi sono genitori autoritari che credono di educare militarmente il figlio con l'osservanza di regole, di comportamenti imposti anche con la violenza. Si definiscono severi, esigenti. Meglio definirli insicuri, privi di capacità dialogica, ancorati a un metodo imperativo che genera paura, tensioni nei figli. Così pure i genitori che permettono ai figli tutto. Il permissivismo educativo purtroppo è la causa principale dei comportamenti trasgressivi, delinquenziali dei nostri adolescenti e giovani. La stupidità di tollerare qualsiasi loro atteggiamento con la pretesa che capiranno da soli i loro errori, è ormai la mentalità dei genitori ed educatori imbecilli. Educare non è allevare. Ci sono poi genitori ed educatori trascuranti che vedono nei ragazzi un ostacolo da evitare. Per loro tutto vale, meno che l'impegno educativo. Sono i genitori in carriera e quelli che non hanno ancora superato la fase narcisistica della loro crescita. Trascurano i figli e si vantano di mettergli vicino il pedagogista, lo psicologo. Affidano spesso ai nonni i figli, affermando con enfasi: "Tu mamma, tu papà avete fatto crescere me, ora ecco vostro nipote". Squallido! Sono i genitori che devono educare i figli, non i nonni.

Chino Pezzoli

Il genitore padre e padrone

Prova a tratteggiare i nuovi stili autoritari nelle nostre famiglie. Si sta affermando un genitore che vuole farsi valere; vuole apparire, dimostrare ai figli quello che fa e la posizione sociale, lavorativa che ha raggiunto. Parla sempre di sé e vuole che i figli gli riconoscano meriti, pregi. Un autoritarismo che può causare scompensi, stati d'inferiorità nei figli.

Il genitore autoritario, non solo è imperativo, categorico nel comandare il figlio, ma essendo poco disponibile a comunicare con lui, è anche poco propenso a valutare le sue richieste e scelte. Pensa che basti dare delle regole e verificare l'applicazione. Uno stile di "padre e padrone" di lontana memoria. Le famiglie di ieri hanno conosciuto molti di questi genitori autoritari e dispotici che davano ai loro comandi lo spessore della verità. Il padre, di solito, godeva di questo privilegio del comando, ma anche la madre ci stava a ruota. Il figlio cresceva nel terrore dei richiami, dei castighi. Le botte non venivano solo promesse, ma anche date. Il genitore valeva se adoperava le mani, il bastone. Oggi la società è cambiata e il genitore autoritario sembra sia un ricordo lontano. Non è però venuto meno il rapporto autoritario con il figlio che si manifesta buttandogli addosso l'immagine riuscita e onnipotente del genitore. Il successo economico e sociale di molti genitori, è come un trofeo da portare in famiglia e da mettere sotto il naso dei figli per farsi valere o prevalere in tutto. Il figlio rischia d'essere un babbeo mantenuto e sempre disponibile a riconoscere nel genitore la fonte d'ogni sua agiatezza. È lo stesso genitore che ricorda al figlio i benefici che riceve dalla famiglia. Gli manca però ciò che è più importante, quello d'essere una persona autonoma, matura. Questo nuovo stile autoritario passa inosservato ed è quindi legittimato ovunque. Ne consegue che l'esercito degli eterni figli conosce sempre nuovi proseliti.

Il genitore bamba

Proliferano genitori senza regole o limiti per i figli. Questi ultimi sono soddisfatti in tutte le richieste. I no sono ritenuti frustrativi e i confini dell'agire non esistono per niente. Se i genitori non credono che i figli devono crescere, disattenderanno alle regole, ai richiami. Il permissivismo educativo è mancanza di fiducia nelle possibilità evolutive dei figli. Ai ragazzi d'oggi abbiamo tolto gli ostacoli che si pongono sul loro cammino. Questa è una forma di virus psicologico. Se un genitore non crede nel figlio, lo lascerà crescere senza norme fino alla trasgressione.

È lo stile più diffuso ed è presente nei genitori che esercitano uno scarso controllo sul figlio. Il rapporto con lui è affettuoso e comunicativo, anche se il modello di vita propostogli è basato sulle esteriorità, il divertimento, il sogno di una vita senza redini o paletti di contenimento. I genitori affezionati a questo stile permissivo sono quelli che non vogliono impegnarsi nell'educazione del figlio. Vivono loro dipendenti dalle emozioni; spesso sono loro a scimmiottare certi modelli di comportamento immaturo, non possono quindi esigere dal figlio diversamente. Il permissivismo educativo è la causa d'alcune trasgressioni o devianze: la droga, la delinquenza. Provengono dal permissivismo le molte crisi esistenziali che si manifestano nei ragazzi e giovani in diversi modi. La noia è diffusissima tra i giovani che provengono da famiglie permissive, dove "il tutto e subito" ha sostituito la fatica, il sacrificio per conseguire un diploma, una laurea, una professione. La passività poi sta in compagnia della noia. I giovani cresciuti in famiglie permissive e con il "sedere nel burro", pretendono tutto, si lamentano, minacciano persino i genitori se gli negano qualcosa. Lo stile educativo permissivo condanna il figlio ad essere bamboccio che partecipa alla vita come se fosse un gioco o peggio un fescennino.

Il genitore tutta immagine

I nostri nonni ci prendevano a calci nel sedere e ora, noi, pur di non ripetere quegli errori, facciamo l'esatto contrario: trascuriamo i figli, pensiamo solo ai soldi, alla carriera, a divertirsi. Una gran parte di noi si è illusa che questo benessere economico e sociale significasse anche un'educazione senza dolore e senza fatica. L'idea che un figlio stia bene perché ha tutto e che quindi non soffra, è sbagliata. Il disagio e la fatica devono

rimanere: è l'abc per crescere. Se un figlio viene trascurato sarà sicuramente una persona infelice.
Questo stile appartiene a quei genitori staccati dai figli. Considerano i figli un ostacolo, un limite della loro libertà. Per non essere coinvolti nella loro crescita e impegnati nelle richieste, hanno un rapporto freddo, distaccato. Non attendono nessun risultato dai figli che li lasciano crescere privi d'affetto, d'attenzioni e premure. Sono genitori adolescenziali, ripiegati su di sé, incapaci di dare affetto ad un figlio perché, purtroppo, loro stessi sono vittime di privazioni affettive. In Comunità ho avuto la possibilità di conoscere alcune mamme che trascuravano il loro figlio. L'anamnesi rilevava che queste mamme insufficienti o trascuranti la loro maternità, presentavano dei vissuti problematici nella famiglia d'origine. A scanso d'equivoci, tuttavia, non sono solo questi genitori problematici a trascurare i figli. Ce ne sono altri da menzionare.
Sono quei genitori che sublimano la loro carriera, la posizione sociale, i tanti soldi e affidano i loro figli alla baby-sitter per tutta la settimana. Questi genitori in carriera sostengono che un figlio deve crescere autonomo, indipendente. D'accordo.
Chiedo però a questi genitori importanti, se il figlio non deve anche possedere quei tratti affettivi materni e paterni che gli assicurano un legame profondo con i genitori. I ricercatori, in questi ultimi anni, hanno parlato d'attaccamento materno, indispensabile per le sicurezze future del figlio e di quello paterno come punto di riferimento nelle difficoltà. In un'epoca in

cui tutto si sostituisce, non sembra il caso di sostituire anche i genitori.

Il genitore maturo

Il genitore autorevole si presenta ai figli con una vita matura e responsabile. Sa trasmettere la sua presenza e valori anche solo con lo sguardo, l'essenzialità delle parole, gli esempi. Quando un figlio diventa adolescente, bisogna saper cambiare registro. L'adolescenza di un figlio esige maggiormente l'autorevolezza dei genitori. Un adolescente capisce se si trova a vivere con genitori maturi o no. L'autorevolezza ci deve essere. Se uno è autorevole è coerente, sa avere un fascino sui figli.

Dopo aver riflettuto sui diversi stili educativi negativi, è bene soffermare la nostra attenzione sul rapporto autorevole. I genitori autorevoli esercitano sul figlio un buon controllo, hanno un rapporto affettuoso e comunicativo e si aspettano da lui un comportamento maturo. Lo stile autorevole è efficace, riserva al figlio affetto, alcune regole da osservare e quegli stimoli necessari che lo mettono in salita. È uno stile intelligente che assicura la crescita del figlio. Il genitore autorevole è un educatore saggio e prudente. In questo termine "educatore" sono nascoste alcune caratteristiche fondamentali: la capacità d'insistere perché il comportamento del figlio sia corretto ed esprima, tra gli amici, intelligenza, bontà e fermezza nei propri principi morali; la presenza che permette al figlio di accogliere in sé il genitore come un modello, non tanto da imitare quanto da apprezzare e confrontare durante la crescita; l'esempio che fa sì che il figlio stimi il genitore, sia per lui credibile, accolga con serenità le sue proposte e segua i suoi insegnamenti. Lo stile educativo autorevole scarseggia purtroppo nelle nostre famiglie. Credo che sia unica la causa: l'immaturità di molti genitori. Un'immaturità sconosciuta che spesso è coperta da tante esteriorità e dal culto dell'immagine che non viene mai meno. Confondere la personalità con il personaggio è di moda. Il prezzo di questa confusione è alto. Sono i figli purtroppo a pagare maggiormente in termini di educazione, di maturità.

Nella testa dei figli

Dopo aver puntualizzato i diversi stili educativi, cerchiamo di capire come si manifesta la passione dei genitori educatori. Prima che i genitori dicano ai figli ciò che è bene fare o non fare, occorre che li sappiano osservare per conoscerli. Una buona indagine in questo mondo sconosciuto dei figli è già di per sè un intervento educativo, perché mette il genitore in sintonia con il figlio.

Qualche tempo fa, quando la polizia sequestrò trecento telefonini in cui alcuni pedofili in cambio di ricariche telefoniche di quindici euro avevano fotografato minori nelle loro parte intime, tutti i genitori caddero dalle nuvole. In quella circostanza, seicento persone rimasero allibite, come se fino a quel momento quei padri e quelle madri fossero vissuti in un altro mondo. Non mancarono le affermazioni sciocche e buffe: "Ma mia figlia è una ragazza studiosa, attaccata alla famiglia, morigerata. Non credo che abbia fatto tali cose"; "Mia figlia sta sempre in casa, ama il computer, usa il telefonino per inviare messaggi al suo amichetto e basta. C'è qualcosa di losco che si vuole buttare su mia figlia". Ma poi tanti genitori protettivi e pronti a mettere la mano sul fuoco per i loro figli, dovettero ricredersi. Disperazione, balbettii, sconforto con la sconcertante certezza di avere in casa degli sconosciuti. I figli vanno osservati, seguiti, messi in condizione di comunicare con i genitori. Una domanda è d'obbligo: come mai i genitori sanno così poco dei figli?

Una presenza costante

I genitori non possono allontanarsi dai propri figli, anche se i figli, specie nell'adolescenza, fuggono dai genitori. I genitori attenti e presenti all'evoluzione dei figli, vigilano su tutti i comportamenti, cercano con coerenza e responsabilità di sapere dove vanno e con chi si trovano durante il tempo libero. Focalizzano sopratutto l'impegno scolastico e i risultati. Comprendono immediatamente i tentativi dei figli di nascondere ai genitori le mancanze, il disordine nei comportamenti, le devianze che purtroppo ci sono nell'adolescenza ma che spesso si ritengono transitorie o peggio ancora ragazzate.

Seguire da vicino le vicende dei figli diventa sempre più complicato. La porta della camera spesso rimane chiusa per tempi sempre più lunghi, il tempo trascorso con gli amici supera molto quello passato in famiglia, il linguaggio diventa insopportabile e il risolino di dissenso genera reazioni incontrollate nei genitori. Senza poi tutto quel via vai di messaggi espressi con un codice giovanile incomprensibile. Come mai questa chiusura, questo "buio" interiore inaccessibile? Il fenomeno dell'allontanamento dei figli dai genitori è multiforme.

Alcune volte la relazione tra i figli e i genitori rimane buona e i ragazzi sono leali, schietti, aperti, anche se crescono e cambiano e riservano a se stessi alcune zone franche in cui è impossibile entrare. Altre volte la comunicazione diventa disturbata, fatta di scatti, di frasi interrotte e di alcune bugie. Il genitore quando i figli crescono, non può comportarsi allo stesso modo, trattarli come se fossero sempre piccoli e dipendenti. Cambiano le abitudini, le scelte, si formano nuove idee, ma il genitore non rinuncia alla sua responsabilità educativa. Ho sempre presente un'affermazione di mia madre: "Tu sei sempre mio figlio, anche adesso che sei prete". Aveva certamente cambiato il modo di rapportarsi, ma non aveva abdicato alla sua maternità.

Ciò frulla nella mente dei figli

Sono parecchi gli interrogativi che si affollano in un genitore di fronte ai figli che crescono. Una cosa però è chiara: se i figli sono degli sconosciuti in casa, i genitori non sapranno mai come intervenire. Non possono consigliare, incoraggiare, correggere i figli che non conoscono.

Necessita monitorare tutti i loro comportamenti per saperne di più. Occorre che i genitori si documentino sullo stato d'animo dei figli, sulle difficoltà, sui luoghi frequentati, le amicizie valide o negative. Questa consapevolezza, deriva dalla capacità dei genitori di far sapere ai figli il loro interesse per le attività che svolgono, e di interpretare i loro segnali comunicativi in modo appropriato. Questa attenzione risulta importantissima nel momento del distacco, quando i figli passano molto tempo con gli amici, in luoghi di divertimento. I genitori devono monitorare i figli attraverso la comunicazione, l'ascolto, la conoscenza delle loro scelte.

D'altra parte, il genitore che desidera conoscere i figli si mette in sintonia con il loro mondo interiore in cambiamento. Le prime esperienze, infatti, rivoluzionano questo spazio profondo della psiche e i genitori rischiano di perdere la visione del "quadro" mentale che si sta formando. Non sorprende quindi che la mancanza di una conoscenza dinamica dei figli, lasci questi ultimi soli ed esposti al disadattamento sociale. I comportamenti aggressivi dei figli verso i genitori, sono dovuti spesso all'accentuarsi del distacco o incomprensione. Non è un caso che in situazioni di crisi, o di difficoltà relazionali, lo psicologo ponga al genitore la solita domanda: "Quale rapporto ha con suo figlio?". Cioè vuole conoscere il grado di sintonia che è riuscito a stabilire con i suoi pensieri.

Consapevolezza dei loro pensieri

Per capire come si svolge questa reciproca conoscenza dei pensieri, dei sentimenti, i ricercatori scelgono fra due strade. Alcuni chiedono ai figli in che modo i genitori, visionano le loro scelte o comportamenti. Altri domandano ai genitori come fanno a tenere un quadro aggiornato e accurato dei cambiamenti dei loro figli. Altri ricercatori considerano queste due proposte incomplete, poiché ognuna di esse, separatamente, fornisce una visione incompleta o quella dei genitori o quella dei figli.

Credo che ciò che necessita invece sia attuare un confronto, per conoscere ciò che i genitori pensano dei loro figli, come vorrebbero la loro vita e come invece i figli desiderano essere, fare. La vicinanza del genitore ai figli si riscontra qualora gli schemi mentali dei figli sono presenti al genitore. Se, ad esempio, un figlio pensa di diventare un buon ingegnere e il genitore condivide e favorisce tale scelta, possiamo ritenere che il genitore condivide con il figlio un progetto, una scelta. La concordanza tra i desideri e le idee del genitore e dei figli, facilita il rapporto educativo. Non è sempre così. Il mondo dei figli si scosta facilmente da quello dei genitori.

Le ricerche dimostrano che il genitore immagina il figlio a sua "immagine e somiglianza". Partendo da sé, proietta sul figlio le scelte, le attività, le relazioni che devono sempre appagare e tutelare l'immagine familiare. In questo modo, il figlio che cerca nel gruppo degli amici, negli spazi di socializzazione il suo punto di riferimento, si forma degli schemi mentali in contrapposizione a quelli del genitore. Manca spesso nel genitore l'intelligenza di mettersi in relazione con un mondo esterno, dove i giovani passano la maggior parte del loro tempo. E scarseggia anche quella saggezza in grado di tollerare le diversità di mentalità che spesso sono la causa d'incomprensioni e conflitti. Un genitore, prima di dire al proprio figlio cosa deve o non deve fare, è necessario che lo sappia osservare, conoscere nelle sue azioni, scoprire le sue priorità. Insomma, entrare in questo mondo sconosciuto, visitarlo con la passione del ricercatore e la prudenza del saggio. Capire i figli è difficile, ma possibile.

L'attenzione al senso del mistero

Nei ragazzi è presente il senso del mistero. Fin da piccoli si pongono domande, osservano i comportamenti dei genitori per capire come vivono la loro fede, s'interrogano su alcune scelte che i genitori hanno fatto per loro: il battesimo, l'eucaristia, la cresima… Con difficoltà capiscono perché alla domenica devono andare a Messa se poi i genitori non ci vanno. La testimonianza è tutto. Solo se i genitori credono, i figli si pongono domande, cercano risposte sul senso della vita, attuano una condotta morale. I media hanno fatto conoscere una bellissima notizia: nel 2005 in Italia 300 ragazze hanno scelto la vita claustrale, 1147 nel mondo. Il bisogno di Dio c'è nei giovani.

Il non senso della vita è nella nostra società e interroga sopratutto i giovani. La società opulenta corre convulsa verso il niente, nelle trappe c'è pace, fiducia, ricerca di Dio. Questo bisogno di Dio è nella mente e nell'anima di molti giovani. Parte da loro un segno, un annuncio di un futuro in cui gli uomini stanchi delle favole si rivolgeranno a Dio, all'Infinito per scoprire l'amore.

Mi chiedo spesso: come mai il clero, i religiosi hanno poche vocazioni, mentre la clausura attrae? Una risposta c'è, senza voler offendere nessuno. Forse, anche noi preti e suore siamo immersi nella cultura del fare, delle risposte esatte affidate alla nostra mente o a quelle di psicologi e psicanalisti. Mancano nelle nostre file di consacrati, testimoni della presenza di Cristo. Sappiamo parlare di tutto, meno che di Lui, autentica passione d'ogni uomo.

Mi ha commosso il filmato su papa Luciani, il papa del sorriso. Egli voleva annunciare al mondo la bellezza del credente, il vangelo, le parole che Cristo ha voluto buttare come seme nel solco umano. Un seme d'attesa, d'eternità, che suggerisce all'uomo del nostro tempo di non rimanere in balìa delle sue paure. Di cercare quel Dio che si lascia trovare.

Sant'Agostino che aveva vissuto una giovinezza dissipata, in un contesto di piacere e divertimento, si raccoglie nel silenzio, sosta in Dio e prega: "Tardi ti ho amato, o bellezza sempre antica e sempre nuova, tardi ti ho amato! Ed ecco tu eri dentro di me e io ero fuori e là ti cercavo, ed io nella mia deformità mi gettavo sulle cose ben fatte che tu avevi creato. Tu eri con me ed io non ero con te. Quelle bellezze esteriori mi tenevano lontano da te e tuttavia se esse non fossero state in te non sarebbero affatto esistite. Tu mi hai chiamato e hai squarciato la mia sordità; tu hai brillato su di me e hai dissipato la mia cecità. Tu hai emanato la tua fragranza e io ho sentito il tuo profumo e ora ti bramo. Ho gustato e ora ho fame e sete. Tu mi hai toccato e io bramo la tua pace".

In queste parole si comprende la "fame" di Dio che i giovani vogliono saziare.

E per concludere alcune domande

Quale stile educativo è presente nel vostro nucleo familiare: autoritario, permissivo, trascurante, autorevole?

I genitori conoscono gli effetti negativi determinati da uno stile permissivo, trascurante, autoritario: quali sono?

I genitori sanno poche cose dei figli: non vogliono conoscere la realtà della loro vita che cresce e cambia o non sono in grado di rapportarsi con una storia intessuta d'esperienze nuove, d'attese. Qual'è il motivo di questo distacco?

I figli crescono e s'allontanano dai genitori: come si comportano i genitori, sanno rimanere vicini ai loro figli?

Molti genitori non accettano la diversità dei loro figli e certe scelte che comportano il culto dell'immagine, delle apparenze. In questi casi come interviene il genitore: con le minacce, il distacco o attraverso il confronto, il dialogo?

Si parla spesso di responsabilità educativa: esiste nella famiglia un progetto educativo che favorisca tutti i livelli maturativi: intellettivo, volitivo, affettivo, spirituale?

Sanno i genitori che cosa c'è nella testa dei loro figli?

Hanno forse paura d'affrontare i primi cambiamenti, l'affermazione di una personalità imprevedibile, le trasgressioni o disubbidienze?

Il genitore si chiede quale grado di sintonia è riuscito a stabilire con suo figlio? La sintonia si esprime nella fiducia reciproca e si rafforza in un rapporto affettivo costante. Una domanda però è necessaria: il genitore attira il figlio con i soldi, le cose o lo educa alla felicità?

Il confronto delle scelte future del figlio sono confrontate con quel pizzico di saggezza che rafforza l'impegno e la coerenza. Un genitore collaborante con il figlio s'impegna a riservargli tempo, attenzione perché riesca bene nei suoi progetti. Ciò avviene nelle nostre famiglie?

Sanno i genitori entrare in questo mondo meraviglioso del figlio e apprezzare le sue doti, capacità e impegno e non solo trovare limiti e difetti?

I genitori sono preparati a trasfondere nel figlio l'amore per la vita, alcune domande sul senso, sul bene da compiere? Sono attenti alla sua crescita morale? O c'è invece un relativismo educativo?

Il presente non basta a nessuno. I genitori, testimoniano con l'esempio la fede, il bisogno di Dio e avviano i loro figli verso esperienze educative che hanno presente la vita interiore?

Sono alcune domande necessarie che al termine della lettura di questo libro un genitore si deve porre. Non per trovare ricette da prescrivere ai propri figli, ma solo per capire che educare è difficile, anche se è bello. Mi piace concludere con alcuni pensieri di Gaspare Barbiellini Amidei, una figura di spicco nel mondo giornalistico e culturale: "A ogni genitore viene chiesto di non smettere mai di onorare il suo ruolo. Gli ultimi nostri anni moderni hanno avuto moltitudini di genitori dimissionari. E i figli spesso finivano per fare da compagni quasi paterni di smarriti genitori". I figli non possono rimanere orfani di genitori viventi. Di guide umili, forti e sagge, autorevoli e amorevoli, hanno bisogno. Non però con le sole parole, ma con i fatti.